What Is History For?
© Robert Gildea 2024
First published in Great Britain in 2024 by Bristol University Press, University of Bristol
The simplified Chinese translation rights arranged through Rightol Media（本书中文简体版权经由锐拓传媒取得 Email:copyright@rightol.com）

WHAT IS IT FOR?
时代的发问

历史
有什么用？

［英］罗伯特·吉尔德　著
林庆新　王冬冬　译

生活·讀書·新知　三联书店

Simplified Chinese Copyright © 2025 by SDX Joint Publishing Company.
All Rights Reserved.
本作品中文简体版权由生活·读书·新知三联书店所有。
未经许可,不得翻印。

图书在版编目(CIP)数据

历史有什么用? /(英)罗伯特·吉尔德
(Robert Gildea)著;林庆新,王冬冬译. -- 北京:
生活·读书·新知三联书店,2025.7.--(时代的发问).
ISBN 978-7-108-08076-9

Ⅰ. K0

中国国家版本馆 CIP 数据核字第 2025EJ1551 号

责任编辑	丁立松	
装帧设计	赵　欣	
责任印制	卢　岳	
出版发行	生活·讀書·新知 三联书店	
	(北京市东城区美术馆东街 22 号 100010)	
网　　址	www.sdxjpc.com	
经　　销	新华书店	
印　　刷	宝蕾元仁浩(天津)印刷有限公司	
版　　次	2025 年 7 月北京第 1 版	
	2025 年 7 月北京第 1 次印刷	
开　　本	787 毫米 × 965 毫米　1/32　印张 6.125	
字　　数	90 千字	
印　　数	0,001 - 5,000 册	
定　　价	45.00 元	

(印装查询:01064002715;邮购查询:01084010542)

"时代的发问"
编者序

现状已然破碎。世界正深陷于一系列可能威胁我们生存的挑战之中。其中一些挑战可能关系到人类的生存。如果我们相信世界可以有所不同,如果我们希望世界变得更好,那么现在正是时候去质疑我们行为背后的目的,以及那些以我们之名所采取的行动的意义。

这便是"时代的发问"这套系列丛书的出发点———一场大胆的探索,深入剖析塑造我们世界的核心要素,从历史、战争到动物权利与网络安全。本系列穿透纷繁喧嚣,揭示这些议题的真正影响、它们的实际作用及其重要性。

摒弃常见的激烈争论与两极分化,本系列提供了新颖且前瞻性的见解。顶尖专家们提出了开创性的观点,并指明了实现真正变革的前进方向,敦促我们共同构想一个更加光明的未来。每一本书都深入探讨了各自主题的历史与功能,揭示这些主题在社会中的角色,并着重指出如何使其变得更好。

丛书主编:乔治·米勒

献给我从前的学生，
以及世界各地学历史的人。

目 录

序　水箱里的蜗牛 /1

1　我们现在何处？/1
神话的创造与破除　　　　　　　　　1
控制叙事　　　　　　　　　　　　　7
历史与身份　　　　　　　　　　　　13

2　我们如何来到当下？/20
神话的回响　　　　　　　　　　　　20
历史学家与神话："不真，却真实"　34
历史与权力：正当性之争　　　　　　64
历史究竟属于谁？历史与身份　　　　98

3　我们将去往何方？/141
修通　　　　　　　　　　　　　　　141
历史由谁来书写？　　　　　　　　　154

注释 /163
拓展阅读 /176
图片与专题索引 /181

序 水箱里的蜗牛

20世纪60年代。上学的时候,我就曾考虑将来从事什么职业,父亲要我和他一样当一名公职人员。那时他在贸易委员会工作,参与了英国第二次申请加入共同市场①的筹备事宜。而我却对历史有极大的热情,正痴迷于英国内战史,因此需要找个理由说服父亲公职并不适合我。因为我养了蝾螈,为净化水质在水箱里放了蜗牛,便想到如果把社会比作水箱,那历史学家就像水箱里的蜗牛,他们为社会清除对过去的错误认知,让社会的视野更加清晰。虽然当时我还没有使用这个说法,却慢慢摸索到了这样一种观点:历史学家对既有观点是批判的。后来我读到法国历史,我

---

① 共同市场:即欧洲经济共同体,与欧洲煤钢共同体、欧洲原子能共同体一同组成欧共体,后被欧盟取代。——译者注,如无特别说明,以下脚注均为译者注。

的博士研究课题就是剖析对法国中央集权制的一个误解。这个传言讲的是19世纪60年代拿破仑三世手下的一位教育部长,此人夸口称自己看看怀表就能准确地知道那一刻每个法国中小学生正在学习什么科目。于是,我决定检验一下,就写了篇偏远省份布列塔尼教育情况的调查论文,旨在论证这一妄言是否经得起档案的检验。

20世纪80年代。我获得第一份学术工作后,被要求为"牛津近代世界简史"丛书写一部19世纪欧洲的概述。《街垒与边界》不仅涵盖了当时欧洲的革命和民族主义,还涉及经济、社会、文化方面的变革。书出版后,一位研究法国北部女工的美国历史学家质问我:"你对产业工人的写法好像那些人全是男性,你难道不知道大多数纺织工都是女性吗?"我意识到自己对性别问题不够敏感,未能将第二次女权主义浪潮后涌现的女性历史研究融入其中,这令我十分羞愧。从那时起,我对历史的审视不再局限于阶级透镜,也同样关注性别视角。

21世纪10年代。我后来逐渐认识到,理解历史也必须透过种族的视角。我在写一本"二战"期间法国抵抗运动的书时发现,1944年那些从轴心国手中解放了法属北非殖民地的抵抗战士,在回到阿尔及利亚10年后又去折磨那些为自身自由而战的阿尔及利亚人,这让我非常震惊。2013年我受邀在贝尔法斯特发表一系列演讲,我选择的主题是法国人难以摆脱自己的殖民历史,既表现为认为非洲仍然受其统治,也表现为将非洲裔移民视为二等公民。后来,英国开始脱欧,我认为了解英国对自身的殖民历史的态度十分必要。我逐渐清晰地认识到,英国之所以要脱欧,是幻想着大英帝国在脱离欧盟后会迎来重生,于是,我第一次写了一本带有政治意图的书。我天真地以为这本《头脑的帝国》(*Empire of the Mind*)能阻止英国脱欧。但自己真是大错特错。这本书几乎没有引起关注,寥寥无几的评价也大都是负面的。没人关心这本书讲的是什么。"全球化英国"① 可能是个幻想,奈何人人都喜欢这个幻想。我意识到,即便历史学家难以接受,但神话确实比历史更具诱惑力。

---

① 全球化英国(Global Britain)是英国政府在脱欧后提出的一个战略愿景,强调通过加强国际贸易、外交合作等来塑造一个更开放、外向型的国家形象,以在全球范围内重新确立其地位和影响力。

本书力图回答这个问题——历史有什么用？这个问题绝不简单。历史学家对"历史是什么"的问题很熟悉，但对"历史有什么用"则不然。因为它暗示了历史不仅仅是一门学术学科，不能仅仅为了研究而研究。它同时也具有社会功能和政治功能。它或许能改善我们的生活，让我们实现更好的自我治理。它也可能帮倒忙。有好的历史，也有坏的历史。

本书第一章从当代世界的视角出发对这一问题展开讨论，通过分析当代历史事件，证明统治者和被统治者如何利用历史为其帝国的扩张正名，使其已经掌握的权力正当化，或基于其身份发出索求。

第二章分析人类历史如何走到当下。历史学家对这一话题更为得心应手。这一章辨析历史与神话的区别，讨论19世纪的一个著名论断，即历史学家的任务只是"呈现实际发生的事情"[①]。接下来讨论了国家内部如何用历史使政治权力具有正

---

① 指威廉·冯·洪堡（Wilhelm von Humboldt）《论史学家的任务》一文的第一句："史学家的任务是呈现实际发生的事情。"(The historian's task is to present what actually happened.) 文章见：Humboldt, Wilhelm von, "On the Historian's Task." *History and Theory*, vol. 6, no. 1, 1967, pp. 57–71.

当性。君权正当化的理由是它来源于世袭，有时也自称是神授。但民主政权可能会拒绝这些理由，因为民主政权的正当性源于革命胜利，也体现了革命的传统。第三部分考察了那些感到被主流历史排斥在外的群体如何诉诸历史，主流历史的书写者和书写对象通常是中产阶级白人男性。如今，这些群体正在加大对自身历史的书写，目的是要界定自己的身份，基于自身差异提出要求。

最后一章思考我们未来的去向。这将历史学家置于意想不到的困难之中，因为他们无法预测未来。然而，我们仍然可以提议，社会需要"修通"其痛苦乃至创伤性的历史时刻，并强调历史书写的重要性远不止于学术历史学家的范畴，不应仅由他们来完成。

罗伯特·吉尔德

1

我们现在何处?

神话的创造与破除

在俄乌冲突开始6个月前,俄罗斯总统弗拉基米尔·普京在2021年7月的一篇文章中称,俄罗斯人和乌克兰人因共同的历史、共同的信仰、共同的文明、共同的血脉凝聚在一起。他表示,这种联系可以追溯到中世纪的基辅罗斯国:

> 我坚信,乌克兰只有在与俄罗斯的伙伴关系中才可能实现真正的主权。我们共同的宗教、人民、文明纽带已经形成了数个世纪,同根同源,共同的考验、成就、胜利令它历久弥坚。我们的亲缘代代相传。它存在于生

活在现代俄罗斯和乌克兰的人的心中、记忆中,存在于将我们无数家庭凝结在一起的血缘中。我们历来是一体,也会因此而更加强大、更加成功。因为我们同属一个民族。[1]

他指责俄国共产党政权在1922年创建了联邦制的苏维埃政体,这颗"定时炸弹"导致乌克兰在1989~1991年苏联解体后宣布独立。根据普京的说法,当时的乌克兰领导人背弃了他们的俄罗斯兄弟,并将其妖魔化:

> 他们开始把历史神话化,开始重写历史,删去了把我们团结在一起的一切,并把乌克兰作为俄罗斯帝国、作为苏联一部分的历史称为国土被占时期。20世纪30年代初共同的集体化和饥荒悲剧被描绘成了对乌克兰人民的种族灭绝。[2]

普京在2022年2月21日,也即俄乌冲突爆发前的演讲中重申了这一论点。他指责乌克兰不仅背弃了俄罗斯母国,还站在了西方一边。他说乌克兰做出了一个"所谓亲西方的文明选择",使得北大西洋公约组织（简称"北约"）"直抵俄罗斯边境……如同刀尖直抵咽喉"。[3]

次日，美国总统乔·拜登指责普京是"对历史的歪曲重写"。一个月后，在华沙的皇宫，拜登提出了另一个版本的俄罗斯历史，他认为1956～1989年期间的苏联政权与普京统治的俄罗斯都意欲支配邻国。他宣称，美国在"冷战"时期抵制了这种侵略，成为自由世界的领导者，美国不会放弃这一责任：

> 今天在基辅、马里乌波尔、哈尔科夫新打响的战斗有更久远的战争背景，那是1956年的匈牙利，1956年、1981年的波兰，1968年的捷克斯洛伐克。
>
> 苏联坦克镇压了民主起义，但抵抗一直持续到1989年柏林墙和苏联政权的墙垒最终倒塌。它们最终倒塌了。人民胜利了……但我们在争取自由的伟大战役中重新崛起：这是一场民主与专制、自由与压迫、法治与暴政的斗争。[4]

拜登所讲的"我们"联结了多个爱好自由的群体。

首先，由于他是在华沙，所以他先致敬了30年前团结工会[①]和教皇若望·保禄二世领导下的波兰人。其次，他提到了乌克兰人，他们现在是"为自由独立而战"的先头部队。最后，他提到普京一直无法分裂的正集结起来为乌克兰提供军事、经济、人道主义援助的西方国家。在他们的演讲中，两位政治领导人都利用历史为他们在国际上行使权力的主张进行辩护。他们一再引用帝国史和民族史来佐证自己的主张。但那段历史与其说是历史，不如说是神话。所谓"神话"，并不是指毫无事实可言的虚构，而是指为政治目的服务的一种叙事。这一政治目的是要界定出一个政治共同体，将其凝聚在一起，把它对于自身、他者的目标正当化。神话是要证明他们是正确的，敌人是错误的。对普京而言，他的政治共同体是一个数百年来一直包括乌克兰在内的俄罗斯，被认为时常威胁其生存的西方是与其相对立的存在。而拜登的目的则是通过展示西欧、前东欧国家和美国在捍

---

① 团结工会：波兰工会组织，1980年成立，是苏联阵营国家中的第一个独立工会。1989年取得政权，建立了资本主义民主政体的波兰共和国，促使东欧社会主义政权垮台及苏联最终解体。

卫"自由世界"、对抗苏联及俄罗斯"专制主义"上的共同立场，将这些地区和国家联合在一起。

我们当然可以按字面意思来理解这些演讲。它们的确包含着一些事实，但这些事实在被挑选编织成神话后，已经开始与事实分道扬镳。历史学家的任务就是以批判的眼光研究这些神话叙事。他们分析叙事语言、叙述人以及叙事动机。他们回到演讲者叙述的历史背景之中，试图解释他们所利用的历史，说明他们想要实现的目标。例如，肖恩·沃克（Shaun Walker）指出，1989年时普京是克格勃的一名中校，驻扎在共产主义政权日渐式微的东德。普京后来表示："我觉得这个国家已经不存在了。它已经消失了。"过了两年，1917年"十月革命"后成立的苏联便解体了，它在东欧、波罗的海、乌克兰的势力也随之瓦解。2005年，普京在其任总统5年时宣称，这场解体是"20世纪最大的地缘政治灾难"。普京还调用历史，称自2014年克里米亚并入俄罗斯时起，他已经开始着手恢复俄罗斯过去的辉煌。沃克重点指出，2016年普京在克里姆林宫外揭幕了一座17米高的雕像，人物是与他同名的弗拉基米尔大帝，即基辅大公，基辅罗斯（980~1015）的统治者。在揭

图 1.1　位于莫斯科的圣弗拉基米尔雕像
基辅罗斯统治者圣弗拉基米尔的雕像 2016 年在克里姆林宫对面揭幕。雕像常用于构建神话。这座雕像要构建的神话是：与圣弗拉基米尔同名的弗拉基米尔·普京领导的俄罗斯对乌克兰拥有历史主权。

幕现场，俄罗斯东正教大牧首称"没有弗拉基米尔就没有罗斯，就没有俄罗斯，就没有俄罗斯东正教会，就没有伟大的俄罗斯帝国，也就没有现代俄罗斯"[5]。

历史学家蒂莫西·斯奈德（Timothy Snyder）就此有进一步解释。他强调，欧盟和北约在 1997～2007 年间东扩接收了几个新脱离华约的中欧、东欧国家以及三个波罗的海国家，此外，2014 年基辅爆发了亲欧盟的抗议活动（成了克里米亚事件的导火索），这些都让普京备感威胁。斯奈德还指出，美国自"二战"后并未始终如一地捍卫"自由世界"，而特朗普总统又退守孤立主义立场，赞扬俄国的民粹主义及其民族主义旧情怀，特朗普的上台很可能也受到了克里姆林宫的帮助。[6]其他历史学家将讨论面进一步拓宽，表明实际上存在两个美国：一个能回溯至1776年的《独立宣言》，自诩为"自由世界"之领袖；另一个则由中央情报局主导，对中东、亚洲乃至非洲、拉丁美洲等地的被美国视为威胁其国家安全和战略利益的运动乃至政权进行了系统性的镇压。[7]

控制叙事

2014年5月，俄罗斯通过一项法律，将"公开传播有关'二战'中苏联活动的谎言"定为犯罪行为。俄罗斯人将抗击希特勒的战争称为"伟大的卫国战争"，这场战争的胜利是造就俄罗斯的伟大的又一块基石，所以，俄罗斯禁止提及1939年斯大林与希特勒的协议、大战期间大规模驱逐少数族群等令人尴尬的事实。[8]2021年7月，普京成立了一个历史教育委员会，旨在确保俄罗斯联邦历史教学的统一性,打击"篡改历史"的企图。俄历史学家帕维尔·波日加伊洛(Pavel Pozhigailo)表示"和所有国家一样,政府在努力保全国体",并告诫说,"历史如果重写,国家将不复存在"。[9]

1.1 俄罗斯的国家身份

1812年俄法战争老兵彼得·恰达耶夫(Peter Chaadayev)在他1836年发表的《哲学书简》第一封信中写道,俄国没有身份:"我们国家贫瘠的土地上没有萌发出一个有用的思想,我们之中没有涌现出一个伟大的思想。"沙皇政权宣布他精神失常,但他激起了一场西方派和斯拉夫派之间的争论。西方派认为俄国在彼得大帝的统治下实现了现代化,属于启蒙了的西方,斯拉夫派则认为俄国和西方不同,它的特点是东正教、农民公社和传统的缙绅会议(由贵族、官员、神职人员、商贾组成的议会)。19世纪的俄国革命者是西方派,但沙皇坚持认为俄国的特点是专制、东正教、民族性。1917年的俄国革命先后拥抱了西方的民主制度和马克思主义,但斯大林与西方保持了距离,他优先发展"一国社会主义",并纪念伟大的卫国战争。

统治者都重视历史教学的内容,并只授权那些捍卫其政权历史正当性的解释。这些解释通常包含三大要素。第一,他们的国家历史或帝国历史是独一无二的;第二,这段历史是连续的,一条直线贯穿古今;第三,这段历史是目的论的,指向一个民众幸福、国力强盛的未来。于是,指出历史中的冲突、断裂、偶然的其他解释,必然会被抹去或压制。

我们很容易认为,这种为确保国家存续而控制历史编撰的做法仅限于所谓集权国家,但即使在民主国家,执政党也会试图通过控制历史叙事来捍卫现有政权。2010年英国保守党重新上台时,教育大臣迈克尔·戈夫(Michael Gove)坚持认为英国的历史教学应突出连续的主权与帝国的国家叙事。他在当年秋季的保守党大会上说:"我们目前的历史教学方法剥夺了孩子们听到我们这个岛国故事的机会。""只给孩子们草草介绍了亨利八世和希特勒的故事,他们并不知道我们过去那些生动的历史事件如何构成了一个连贯的叙事。这种对我们历史的抛弃必须停止。"[10]他所说的岛国故事的核心是英国君主制的千年统治,伊丽莎白二世女王长达70年的统治(1952~2022)是对它的进一步巩固。女王去世后,一些共和派在街头抗议,英国政府以相当大的力量进行了反击。在爱丁堡举行的新国王即位宣言宣读仪式上,一名叫玛丽安杰拉(Mariángela)的学生举起"去他的帝国主义,废除君主制"的标语,她立即遭到逮捕。英国政府随后迅速通过一项公共秩序法案,为政府压制和平抗议赋予了更大的权力。在2023年5月6日查尔斯三世的加冕典礼上,50名举着"废除君主制"和"不是我的国王"标语的抗议人士遭到了逮捕。

1.2 《我们的岛国故事》

《我们的岛国故事:一部少年儿童的英国史》(*Our Island Story: A Child's History of England*)由苏格兰作家亨丽埃塔·伊丽莎白·马歇尔(Henrietta Elizabeth Marshall)撰写,于1905年出版。本书讲述了英国在与罗马人、诺曼人、坏国王、西班牙人、法国人的斗争中不断获得更大的自由,以及英国在扩张进程中将自由与文明带到了世界上那些蒙昧的地方。牛津大学毕业的私立学校教师W. C. 塞拉尔(W. C. Sellar)和R. J. 叶特曼(R. J. Yeatman)在《1066年及后来》(*1066 and All That*, 1930)中把历史分为"好事"和"坏事",他们还在书中讽刺了《我们的岛国故事》。但《我们的岛国故事》借鉴了传统的辉格党历史，成为被亚瑟·布莱恩特[①]（Arthur Bryant）、A. L. 罗斯（A. L. Rowse）、R. J. 安斯特德（R. J. Unstead）等作者复制的一套标准叙事，温斯顿·丘吉尔在其《英语民族史》（*History of the English-Speaking Peoples*）中也用了这种叙事。这个故事所体现的英国优越论被反欧洲人士拿来当作武器，也受到一些人士的批评，认为它排斥了有色人种的历史。

历史学家大卫·康纳丁（David Cannadine）指出，现代的君主制传统实际诞生于1877年维多利亚女王成为印度女皇之后，并经其1887年登基金禧庆、1897年登基钻禧庆而得到巩固。精心编排的庆典活动突出了共识、稳定、延续之主题，但利用了重商主义，这些活动连同大众媒体以及后来的社交媒体，共同为君主制赢得大众的支持，成为对抗这个充满变数的世界的解药。[11]然而，英国君主制的历史并非一直都是连续的。君主制在1649~1660年被废除过，也曾被法国大革命撼动

[①] 亚瑟·布莱恩特（1899~1985）、A. L. 罗斯（1903~1997）、R. J. 安斯特德（1915~1988）均为英国历史学家。

过；1936年爱德华八世的退位又进一步削弱了君主制的地位，当时，许多抗议者都挥舞着"退位即是革命"的标语。

尽管人们创造着神话，但历史从未沿直线演进，尤其是因为各种政权不断在被推翻、取代、摧毁、重建。历史缺乏连续性，其正当性的来源也变动不居，这些都是历史记载所面临的难题。从理论上讲，国家权力当然可以通过暴力手段强制执行。但要求得长久生存，就需要佐以威信。统治者必须证明他们的权威要么自上而来，由上帝赠予，这通常需要教会领袖的认可；要么自下而来，通过选举由人民主权授予。此两种情况都调用了历史。王治可能会由一条世袭的血脉上溯到某个王朝的开创者。民治可能会上溯到推翻了暴君或暴政的某场革命。

权力一旦被挑战，历史也会遭受同样的命运。把当权者谴责为暴君并将其推翻的人，通过引用推翻其他暴君或意欲成为暴君的人为自己正名，公元前44年尤利乌斯·恺撒被刺便是如此。新继任的统治者通过不做暴君、效法历史上贤良的国王或皇帝来证明自己的正当性。但到近代，这样的君主制已经被推翻了。这便成了历史叙述的难题。长期以来，近代共和政体都将自己视为始于推翻暴君、终于皇帝归来的罗马共和国的新版本。但随着时间的推移，革命一旦成功，象征着新秩序建立的革命本身就成了正当性的来源。1776年美国独立、1789年法国大革命、1917年俄国十月革命、1949年中华人民共和国成立都成为后续革命政权神圣的奠基时刻。然而，一个新问题随之而来。因为革命诞生于暴力，那新的暴力也可能获得正当的解释。所以，从革命中走来的政权，如何通过历史来自证其正当性呢？乔治·奥威尔（George Orwell）结合对俄国革命的思考，在1949年出版了《1984》，他在书中想象了一个共产主义国家的执政党对此会作何回答。虽然他的答案主要针对共产主义国家，但同样也适用于自由派非共产主义国家，这些国家可能也并不如自己宣传的那样自由。他的答案就是："谁控制了过去，谁就控制了未来。谁控制了现在，谁就控制了过去。"[12]

历史与身份

2020年5月25日，46岁的乔治·弗洛伊德

（George Floyd）被美国明尼阿波利斯的警察逮捕后遭虐杀。警察在他死前几分钟内一直用膝盖跪压着他的脖颈，这个场景被拍下后通过社交媒体传播到了世界各地。此事件得到"黑命贵"（Black Lives Matter）运动的强烈回应，该运动发起于2013年，旨在抗议美国警察的种族歧视和暴力执法。

在全世界的抗议浪潮中，那些纪念白人至上主义、奴隶制、殖民主义的纪念碑，尤其是雕像，被涂污和拆除。这些雕像通常在它们所纪念的人物去世多年后才修建起来，而现在，他们的历史地位受到了抗议者的质疑。2020年6月10日，弗吉尼亚州里士满的抗议者推倒了曾领导南方邦联在美国内战中为维护奴隶制而战的南方邦联总统杰斐逊·戴维斯（Jefferson Davis）的雕像。该雕像于1907年揭幕。在华盛顿，安德鲁·杰克逊（Andrew Jackson）总统的骑马雕像被推倒，杰克逊在19世纪30年代主导了将美洲原住民强行迁往密西西比河以西的行动，即后来为人所知的"血泪之路"（Trail of Tears）。在比利时的安特卫普和根特，国王利奥波德二世（King Leopold II）的雕像在遭抗议者涂污后被拆除，他对刚果的残暴殖民统治导致了数百万人死亡。2020年6月7日，英国一群抗议者推倒了布里斯托尔出生的奴隶贩子爱德华·科尔斯顿（Edward Colston）的雕像，并将其推入布里斯托尔港的海水中。同年6月16日，牛津大学的学生上街游行，要求校方拆除奥利尔学院墙上俯瞰高街的白人至上主义者和帝国主义者塞西尔·罗兹（Cecil Rhodes）的雕像。

1.3 雕像是历史吗？

雕像体现了人们纪念（共同怀念）历史人物或事件的集体记忆。它们往往由政府竖立，旨在向国家英雄或受难者致敬。它们利用历史人物来向政治共同体传授某种历史教训。因此，它们也属于历史正当化工作的一部分。雕像的污损或推倒往往会引发争议，这通常发生在革命、政权更迭、历史剧变时期，例如"黑命贵"运动兴起之时。人们终于有机会拆除那些长期以来冒犯或羞辱他们的国王、将军、恩主的雕像。而另一些人则认为这些雕像应该受到尊重与保护，不能被"故意破坏公物者"玷污。至于战争纪念碑或大屠杀纪念碑，试图亵渎它们的行为通常会受到口诛笔伐。

2020年夏末，英国因英国广播公司（BBC）

逍遥音乐节[①]的终场之夜是否要演唱《统治吧，不列颠尼亚[②]！》(Rule, Britannia)而饱受争议。该歌曲创作于1740年，反映了英国作为殖民强国的崛起，并获得了可以替代国歌的地位。具有尼日利亚和爱尔兰双血统的音乐家奇奇·恩瓦诺库（Chi-chi Nwanoku）在代表黑人占多数、由多族裔构成的"Chineke!"乐团时抗议，称该曲目放大了"英帝国的极端爱国主义回声"，且"不列吞人[③]永不为奴……的歌词暗示，只要不是我们，别人做奴隶也没关系"。BBC曾考虑过无唱词的乐队演奏版，但随后，政府大臣介入了此事。8月25日，英国首相鲍里斯·约翰逊宣称："我认为我们现在应该终止对我们的历史、传统、文化感到羞愧的想法，放弃自责和软弱的心态。"[13]最终，

[①] 逍遥音乐节（Proms）：英国著名音乐节，1895年创办，是世界上最盛大的古典音乐节日，如今也包含诸多现代音乐。"逍遥"一词指观众在音乐厅不必着正装，可以吃东西，随意走动，尽情欢呼。

[②] 不列颠尼亚（Britannia）：罗马帝国对不列颠岛的拉丁语称呼，后将其神化为不列颠尼亚女神，也成为现代英国的化身。

[③] 不列吞人（Britons）：又译"布列吞人"，大约公元前700年以后，欧洲西部的凯尔特人不断移居不列颠群岛，其中有一支称为不列吞人。"不列颠"这一名称可能来源于此。

传统获胜，那年照常演唱了《统治吧，不列颠尼亚！》。这起事件争论的是身份。确切地说，是多种身份。一方面是占主导地位的美利坚、不列颠白种人的身份，他们迫切要压制曾被奴役的黑人群体的声音，排挤他们的身份。另一方面，黑人群体的代表对他们眼中被歪曲的历史观发起挑战，力求界定自己的身份，找回自己的声音。双方都诉诸历史。抗议者要推倒雕像，修改奴隶制、殖民主义、白人至上主义支持者的颂歌。他们的对手则以"你不能重写历史"为由捍卫这些雕像和颂歌。这句话的意思很好理解，即人不能否认确实发生过的事。但这也会促使人们相信，历史书中的历史是无法被重写的。实际上，这句话真正的意思是："你不该重写我们已经写好的历史。"

然而，为了顾及黑人群体的经历，历史确实在被重写。凯瑟琳·霍尔（Catherine Hall）在2009~2012年为研究蓄奴制问题查询了1834年英国殖民地废除奴隶制后获得赔偿的奴隶主记录，并在2014年表示，在这项研究之前，"蓄奴制在英国历史中几乎是隐形的"。她与其团队表明，即便维多利亚时期的贵族、绅士阶层、中产阶级为身为"改革的时代"的设计师而自豪,但他们大量财富的基础仍然是蓄奴制及赔偿金。[14] 历史学家大卫·奥卢索加(David Olusoga)是尼日利亚生人,在英国盖茨黑德长大,他感到"在英国完全不受欢迎",并在1984年因"国民阵线"①袭击被迫离开家园。他成为"英国人"的方式是"重新拿回英国黑人佚失的过去",这些人中的第一批是抵达英国的罗马军队中的非洲人。[15]

然而,"我们的岛国故事"的捍卫者不会让这样的历史修正主义叙事站稳脚跟。牛津大学道德与牧灵神学荣休教授奈杰尔·比格(Nigel Biggar)在他2023年出版的《殖民主义》(Colonialism)一书中强调,奴隶制自古有之,遍布全球,并不仅限于大西洋的奴隶贸易;而且,关于定义何为英国,更为恰当的事例是1787~1807年那场旨在废除奴隶贸易的基督教和人道主义运动。他在书中写道,"大英帝国本质上并没有种族主义观念","2021年3月英国政府种族和民族差异委员会(Commission on Race and Ethnic Disparities)发布

---

① 国民阵线(National Front):英国极右翼新法西斯主义政党,1967年成立。

的一份报告也认为,当代英国事实上不存在结构性的种族歧视"。[16]

与此同时,在美国,唐纳德·特朗普通过政治和法律手段试图扭转他2020年总统选举落败的结果,这些手段绝大多数针对的是底特律、费城、亚特兰大等黑人众多的城市。对许多民权组织来说,这些手段是阻止非裔美国人投票的常规操作,可以追溯到美国南北战争后的种族隔离与恐吓的历史。[17]更有些特朗普的支持者竟然引用历史先例,为2021年1月6日因阻止乔·拜登当选而发动的国会大厦袭击事件辩护。例如,佐治亚州共和党女议员玛乔丽·泰勒·格林(Marjorie Taylor Greene)就宣称:"想想我们的《独立宣言》说了什么,说的就是推翻暴君。"[18]这场关于帝国、殖民主义、种族的文化战远未结束。

2

我们如何来到当下?

神话的回响

我们已经讨论过,神话是带有政治目的的叙事。最早的神话是创始神话,讲述王朝、国家、帝国诞生的故事。统治者自称是神的后裔,或是古代英雄与神的后代。罗马帝国覆灭后,其他帝国的统治者便自称是罗马的转世,继承了其军事和公民的荣耀。有的国家以反对皇权为自我定位,它们的立国者则称,国家是一个民族的体现,尤其是被上帝选中的民族。历史学家如实讲述过去实际发生的事实,他们通常自称是神话的破除者。然而,事情并不总是这么简单。历史学家也制造神话,因为神话往往比真相更具诱惑力。

古埃及有170～180位法老宣称自己是诸多神祇的后裔，这种说法延续了大约三千年之久。祭司为法老组织宗教仪式，以此将法老的统治神圣化，但主持这些宗教仪式的则是法老，因为只有他们才能与神沟通。这些神祇中有冥界之王奥西里斯和他的妹妹兼妻子伊西斯，后者拥有治愈的本领。奥西里斯被弟弟赛特杀害，他的儿子荷鲁斯长大后争夺赛特的埃及统治权。经过长期争斗，并诉诸其他神祇，荷鲁斯最终战胜了叔叔，成为全埃及的法老。

古希腊的统治者则自称是特洛伊战争中的神祇与英雄的后裔，这场战争也发端于诸神之争。荷马的《伊利亚特》写于公元前8世纪或公元前7世纪，描写了小亚细亚城邦特洛伊发生的故事，这座城邦具有特殊的神秘意义。公元前5世纪，希罗多德在写作时接受了埃及祭司关于特洛伊城海伦被掳一事符合史实的说法，并认为特洛伊战争发生在他所处时代的800年前。希罗多德被称为"历史之父"，但这个故事的重点并不在于其史实，而在于希腊统治者是特洛伊英雄后裔这一强大的神话叙事。

古罗马人则称，自己是这场战争中特洛伊一

方幸存者的后裔。诗人维吉尔在《埃涅阿斯纪》中写道，罗马是由女神阿佛洛狄忒（罗马人称为"维纳斯"）和英雄安喀塞斯之子埃涅阿斯创建的。据说埃涅阿斯在特洛伊焚毁时背着父亲安喀塞斯逃出城，最终定居意大利。这部诗写于奥古斯都皇帝统治初期（公元前27~14），从神话中为皇帝找到了正当性，甚至可能是皇帝的委托之作。

罗马帝国自从在欧洲、近东、北非建立后便持续了一千多年，获得了独有的神话力量。罗马凭借其军队、道路、治理、文化成为文明的代表，征服并镇压了周边的"野蛮人"。任何能自称是罗马新转世的政权也自诩能延续千年。

476年，西罗马帝国灭亡，尚存的东罗马帝国，即拜占庭帝国将基督正教定为官方宗教，其统治者因此称自己通过君士坦丁堡牧首得到了罗马和上帝的双重认可。同时，西罗马帝国的"野蛮"统治者亦自称为罗马文化遗产的继承者。法兰克国王查理曼于800年圣诞节在罗马圣彼得大教堂接受教皇的加冕，开创了神圣罗马帝国。神圣罗马帝国作为松散各异的德意志各邦国的核心，一直延续到千年之后的1806年。

1453年，君士坦丁堡被奥斯曼土耳其人攻占，拜占庭帝国的千年统治随之落幕。莫斯科大公伊凡三世击退突厥金帐汗国，1469年迎娶拜占庭最后一任皇帝的侄女，自封沙皇，莫斯科公国便自称是"第三罗马"。莫斯科公国还于1589年建立了莫斯科牧首区，以此将自己描绘为东正教会的堡垒。

法国大革命激荡过后，年轻的拿破仑·波拿巴将军自封"法国皇帝"。他戴上了查理曼皇冠的复制版，将自己视作新罗马皇帝，不过这次是教皇前往巴黎为他加冕。他在巴黎建造的凯旋门也模仿了罗马皇帝塞普蒂米乌斯·塞维鲁和君士坦丁大帝的凯旋门，那根把自己作为罗马皇帝雕刻其上的柱子足足有42米高，超过了罗马皇帝图拉真的30米柱子。

然而，拿破仑的帝国远非千年不倒，实际只维系了不到10年。它摧毁了神圣罗马帝国，并引发了德国民族主义的反击，成千上万的德国青年志愿参战，一起抗击暴君拿破仑。他们认为，法兰西帝国非但没有传播文明，还带来了压迫和剥削，剥夺了各民族享有自由的权利。

18世纪晚期，德国牧师兼哲学家约翰·戈特弗里德·赫尔德（Johann Gottfried Herder）提出，各民族最大的特点首先便是其语言，是他们唱的

图2.1 《解放战争归来的民兵》，约翰·彼得·克拉夫特1817年油画作品
这是一位年长的志愿军，他的爱国心体现了在反抗法国占领中凝聚的德意志民族主义。

歌谣、讲的故事。这些歌谣和故事表达了一个民族的历史、信仰、情感，表达了一个民族的灵魂。为了将自己界定为民族，各族群的人民必须把自己的口语提升到书面语的高度，尊重自己的民族文学，记录自己的胜利史和苦难史。

在1815年后由多民族组成的英国、普鲁士、奥地利、俄罗斯、奥斯曼等一众帝国联合控制下的欧洲，民族神话具有强大的影响力。帝国内部涌现出新的民族，它们组织起来攻破帝国，建立新的民族国家。这些民族都需要自己的故事。正如历史学家玛格丽特·麦克米伦（Margaret Macmillan）所说："历史为民族主义提供了大量燃料。"[1]这些民族也热衷于争取上帝的支持，将自己描绘为上帝的选民。亚当·米茨凯维奇（Adam Mickiewicz）在1831年波兰起义被俄罗斯镇压后流亡巴黎，他认为波兰人是"各民族的基督"，虽然正在受难，但注定会得到救赎，并为其他民族而战。1830年前后，意大利诸邦多次反奥地利反教皇统治的起义失败后，同样流亡的朱塞佩·马志尼（Giuseppe Mazzini）受到"上帝与人民"思想的影响，创立了意大利的民族主义。在波希米亚和摩拉维亚两地的奥地利政权打压下，弗朗齐谢克·帕拉茨基（František Palacký）倡导捷克语、捷克文学以及一段由更早的扬·胡斯（Jan Hus）起义所塑造的捷克历史，后者在1415年因传播异端邪说被绑在柱子上烧死。塔拉斯·谢甫琴科（Taras Shevchenko）为波兰和俄国地主家的乌克兰农奴发声，他的诗歌取材于乌克兰民歌，赞美了1768年的农民起义。另外，1389年6月15日在科索沃战役中被奥斯曼土耳其人击败的塞尔维亚人也选择在1876年的同一天对奥斯曼帝国发动起义。创始神话也有其创始日期。

帝国与民族相互取代接替，民族神话与帝国神话也互相换位。普鲁士在1870年打败拿破仑三世的法兰西第二帝国后，宣称自己是德意志第二帝国，并在柏林建立了一座效仿图拉真和拿破仑的胜利纪念柱。这时的法国已不再是帝国，而成了共和国，它转而依靠另一个神话：这个民族体现着共同的英雄主义、苦难、团结，最终会实现重生。1882年，法国知识分子欧内斯特·勒南（Ernest Renan）在一次演讲中发问"何谓民族"，并给出如下回答：

> 是一段英勇的历史，是伟人的历史、荣耀的历史（我指的是真正的荣耀），它是民族思想赖以立足的社会原则。过去有共同的荣耀，现在有共同的意志；曾一起成就伟业，并愿意再创辉煌，这是成为一个民族的基本条件……共同的苦难大于幸福。
>
> 实际上，民族的悲伤比胜利更有意义，因为承受悲伤需要担负义务，并要求齐心协力。[2]

在欧洲战败后，法国人意欲打造海外帝国，恢复其国家尊严。他们与英国、德国、俄国、意大利、美国这些在美洲、澳大拉西亚①、亚洲、非洲拥有贸易帝国，开辟白人定居的殖民地，并进行领土扩张的国家展开竞争。尽管这种扩张会剥削、掠夺，甚至灭绝土著民族，但围绕殖民帝国建立的神话则称西方国家是文明开化的，而土著族民是"兽性""野蛮"的，这样一来，对殖民地的开化行动也有了正当理由。

1830年后，美国向西部和南部开拓边疆，赶走了当地的美洲印第安人，并把这一过程宣传为一种特殊的文明开化行动，即"昭昭天命"（Manifest Destiny）。根据爱尔兰裔美国记者J. L.奥沙利文（John L. O'Sullivan）的说法，美国人主张自己拥有这样的权力，即"上天赋予我们这片大陆，让我们占有它，并在此休养生息，以进行自由及联邦自治的伟大试验，这是上天委托我们来做的事情"[3]。1872年，出生于柏林的美国平版印刷商乔恩·加斯特（Jon Gast）为这一神

---

① 澳大拉西亚（Australasia）：一般指大洋洲的一个区域，如澳大利亚、新西兰和邻近的太平洋岛屿，是欧洲探险者、殖民者发明的用语。

2. 我们如何来到当下？

话创作了视觉作品，他的印刷画《美国的进步》（*American Progress*）把哥伦比亚（Columbia）描绘成一位希腊女神，她手持一本书和一根电报线，带领着乘坐四轮马车、驿站马车、火车的定居者自东向西横跨北美大陆，而美洲印第安人和野牛在他们面前仓皇逃窜。

随后的10年里，法国政治家儒勒·费里（Jules Ferry）用伪科学的说法为他国家的殖民扩张进行了如此辩护："我们必须公开宣布，优等种族对劣等种族享有权利，因为前者对后者负有义务。他们有义务将其开化。"同样，爱德华·埃尔加（Edward Elgar）在1902年为爱德华七世的加冕礼创作了一首颂歌，终曲用了他《威风凛凛进行曲第一号》（*Pomp and Circumstance March No. 1*）里的旋律，唱词《希望与荣耀之地》（*Land of Hope and Glory*）则由亚瑟·本森（Arthur Benson）撰写，祈求"上帝使你能力超强，愈发强大"。美国艺术家乌多·开普勒（Udo Keppler）对这种人为假定的优越感进行了夸张演绎。他这一年在《帕克》（*Puck*）杂志上发表了一幅漫画，描绘了不列颠尼亚女神率领红衣士兵，举着写有"文明"字样的旗帜，她对面是一群腰系裙布，挥舞长矛，

图2.2 乌多·开普勒创作的漫画《从开普敦到开罗》,1902年刊登于《帕克》杂志
这幅作品致敬了英国打造非洲帝国的勃勃野心,将其视为"文明"对"野蛮"的胜利,几乎毫不掩饰其种族主义话语。

高举印着"野蛮"字样旗帜的非洲人。

首位获博士学位的非裔美国人、1909年美国有色人种促进协会(National Association for the Advancement of Colored People)创始人之一W. E. B. 杜波依斯(W. E. B. Du Bois)就揭露了这种文明开化神话叙事背后的种族歧视。他在1910年《白人的灵魂》("The Souls of White Folk")一文中问道:"白究竟是什么,为什么有人如此渴求?"他自己回答了这个问题,指出"这种新的尚'白'宗教"宣扬自己优于有色人种,把后者描绘成鲁

2. 我们如何来到当下?

德亚德·吉卜林的所谓"一半是恶魔,一半是孩童"①,并自认为负有"瓜分这个黑色世界,并为欧洲的利益对其进行管理"的责任。杜波依斯说,按照这一神话,"白便象征着对地球永远、永远享有所有权。阿门"。[4]

第一次世界大战期间,文明与野蛮的对立成了描述欧洲敌人的话语。英法两国的宣传语言谴责德国人是野蛮人,称他们强奸比利时妇女、用刺刀挑杀婴儿、轰炸象征欧洲文明的法国兰斯大教堂。为说服美国参战,两国加大了宣传力度。相比之下,德国人将自己的士兵描绘成十字军装甲师,嘲讽英、法、俄的士兵软弱、残疾、酗酒、缺乏男性气概。德意志帝国战败崩溃后被魏玛共和国取代,右翼德国宣传机器又造出新神话,说德军在战场上战无不胜,但被布尔什维克和犹太人在背后捅了刀子,德国通常称这两种人勾结在一起。

"一战"老兵阿道夫·希特勒发誓要消灭布尔什维克和犹太人,不让他们妨碍德国重振雄风。

---

① 鲁德亚德·吉卜林(Rudyard Kipling):1865~1936,英国著名作家、诗人,1907年获诺贝尔文学奖。"一半是恶魔,一半是孩童"源自其诗作《白人的负担》(*The White Man's Burden*)。

德意志第三帝国被构想为是对罗马帝国的复原，也将延续一千年。纳粹党集会上游行的德国士兵举着罗马军团样式的旗帜，上面印有罗马鹰、纳粹万字符、"德国觉醒"的口号。1937年，希特勒的御用建筑师阿尔伯特·施佩尔（Albert Speer）受命重建柏林，将其打造为欧洲乃至世界之都"日耳曼尼亚"①。他要在3英里长的大道尽头建造一座比巴黎凯旋门高一倍的凯旋门，另一端规划了一座可容纳18万人的铜制圆顶人民大堂，占地面积是罗马圣彼得大教堂的16倍。然而，战争让这一计划最终只停留在幻想阶段。

1919年的巴黎和会上，德国的轴心国伙伴日本提出增加一条各国种族平等的条款却遭拒，日本因此备感屈辱。日本扩张主义的历史使命与西方的种族优越感发生了冲突。1940年，一位年轻的英国讲师参加了东京庆祝日本2600周年的纪元庆典，据说日本天皇是太阳女神"天照大神"的后裔。[5] 20世纪30年代，日本的军事化法西斯帝

---

① 日耳曼尼亚（Germania）：罗马人对日耳曼人居住地域的称谓，后来被神化为象征着德意志民族团结统一的女性形象。希特勒视德意志民族为纯种雅利安人。

国主义政权继续推进其扩张的历史使命,进而占领了中国东北,在那里对中国和苏联战俘进行了秘密生物战实验,并侵略中国,于1937~1938年在南京屠杀了成千上万的中国人。

第二次世界大战中,各方都在构建民族和帝国神话。英国人发明的说法是他们独自对抗了希特勒,后来解放了德国占领下的欧洲,但对大战的目的是拯救大英帝国这一点却鲜有提及。法国人在被德国人击败、国家被占领后,也苦心经营出一个神话,称多数法国人都抗击了希特勒,但对维希政权及其与纳粹的勾当却轻描淡写。与此同时,苏联则以革命前的历史神话为素材,推演出"伟大的卫国战争"叙述,谢尔盖·爱森斯坦(Sergei Eisenstein)的电影《亚历山大·涅夫斯基》和《伊凡雷帝》就有体现,而关于苏联在战争期间将被其视为安全风险的日耳曼人、芬兰人、保加利亚人、亚美尼亚人、车臣人、克里米亚鞑靼人、土耳其人、伊朗人等少数民族驱逐到东部的事实只字未提。

然而,到了20世纪80年代,"纳粹大屠杀"(Holocaust)成了"二战"所产生的最强有力的叙事。与神话不同的是,除了极少数的纳粹大屠杀否认者外,从未有人质疑过欧洲犹太人灭绝一事的真实性。纳粹大屠杀也被称为"Shoah"(希伯来语,意为"灾难"),并根据1949年12月9日的《联合国公约》被定为种族灭绝,即蓄意部分或完全毁灭一个国家、宗教、民族或种族群体。1953年,以色列政府在耶路撒冷设立大屠杀纪念馆(Yad Vashem),纪念纳粹主义的犹太受害者;学术界以纳粹大屠杀为主题展开了海量的历史研究;美国也于1993年开设美国纳粹大屠杀纪念馆,这些都突显了纳粹大屠杀的重大意义。唯一存在争议的一点是,纳粹大屠杀与历史上的其他种族灭绝到底有多大程度的差别。1982年在大屠杀纪念馆举行的一场会议,因多篇关于1915年土耳其人对亚美尼亚人实施种族灭绝的论文而引发了激烈争议。1994年卢旺达陷入内战,被占人口多数的胡图族屠杀的占人口少数的图西族有100万之众,全世界普遍认为这是自纳粹大屠杀以来最严重的种族灭绝。

世纪交替之际,前殖民地国家采纳了种族灭绝的概念,用以谴责其前殖民宗主国的暴力行径并向它们索赔。例如,1990年从南非获得独立的纳米比亚,其统治者在2001年向德国政府发起索赔，要求德国对1904～1905年在德属非洲西南部屠杀赫雷罗人（Herero）和纳马人（Nama）给予赔偿。那场屠杀如今被称为殖民地种族灭绝，也被称为德国历史上的第一场大屠杀。2005年，阿尔及利亚总统阿卜杜勒-阿齐兹·布特弗利卡（Abdelaziz Bouteflika）要求法国政府对1945年5月8日欧洲庆祝对德胜利的同一天在塞提夫和盖尔马对阿尔及利亚抗议者的屠杀做出赔偿。2011年，肯尼亚茅茅党（Mau Mau）的亲属要求英国政府给予赔偿，20世纪50年代，茅茅党人曾因抵抗英国在肯尼亚的统治被赶入集中营，并目睹他们的领导人被绞死。同样，在1919年英军对和平抗议的旁遮普（Punjabi）人实施阿姆利则大屠杀的100周年到来之际，印度政府要求英国政府道歉，但后者至今仍未道歉。

历史学家与神话："不真，却真实"

历史学家通常会把神话与历史区分开来。神话带有政治目的，可能歪曲或忽略证据。历史则讲求证据，即便不科学，也是客观的。历史学家自称"神话破除者"，他们分辨何为神话，何为

"现实",以新的原始资料为基础撰写"新"叙事,或对有倾向性、不可靠的历史叙事进行修正。

然而,现实往往更复杂。首先,历史学家声称自己的叙述是客观甚至是科学的,但同时他们也常常自视为把情节与人物摆在首位的故事讲述者。此外,他们有些身为"宫廷"或"官方"历史学家,接近政治权力,所写的历史体现了对当权者的支持。另外一些史学家身处权力之外并挑战权力,他们认为,批判权力所编造的半真半假的叙述是他们的责任。

在古希腊,希罗多德以希腊人和非希腊人的口述证词为主多方获取信息,并评估这些证词的可信度。他写道:"居鲁士①之死的众多说法里,我看这一个最可信。"(*Histories*,Ⅰ,214)。然而,400年后的罗马政治家兼历史学家西塞罗并未对这位前辈的研究方法表示赞赏,他提出:"希罗多德这位历史之父的著作中有无数的传言。"(*On the Laws*,Ⅰ,5)

伯罗奔尼撒战争刚开始,雅典历史学家修昔底德就着手书写这部战争的历史了。他批评了荷

---

① 居鲁士:古代波斯帝国的缔造者。

马对特洛伊战争的叙述，因为"身为诗人，他可能为了效果而夸大其词"（*War of the Peloponnesians and the Athenians*，1.10）。他称自己的叙述"力求准确"，比"为了艺术效果而夸大事实的诗人之歌［和］只图好听却不呈现事实的编年史作者的作品"更胜一筹（*War of the Peloponnesians and the Athenians*，1.22）。有的演讲他虽然已经记不起来了，或当时并未被记录，但他却能逐字叙述并觉得不成问题。最有名的一次是他把公元前431年一篇纪念伯罗奔尼撒战争中守护城邦阵亡的将士的演讲判给了伯里克利。此举表明，对修昔底德而言，历史俨然是一所爱国主义学校。

1世纪的罗马官员兼历史学家塔西佗在撰写日耳曼尼亚历史时，依照的是此前恺撒和老普林尼的著作以及与商人和士兵的谈话记录。他一方面称日耳曼人沿袭了"地生神"图伊斯托的高贵血统，另一方面也认同日耳曼尼亚曾被神灵赫拉克勒斯和尤利西斯造访的神话。他笔下各个日耳曼部落的军事战术、政府、宗教、习俗读来好似严肃的研究作品，但也难以证实生活在今日波兰境内的是哪些部落。"自此往后的一切都属于传说的范畴。"他承认道，"据说厄鲁昔族（Hellusii）和俄克昔约内斯族（Oxiones）长着人的脸庞和容貌，却有动物的身体和四肢。由于这一点未经证实，我认为应该存疑。"[6]

12世纪，诺曼统治时期的蒙莫斯的杰弗里（Geoffrey of Monmouth）写了一本《不列颠诸王史》（*History of the Kings of Britain*），这本书的主要目的是打造一则创始神话。他在书中称，女神狄安娜告诉埃涅阿斯的曾孙布鲁特斯，要在高卢以外找到一处只有巨人居住的岛屿，并在那里建立一个新王国，它将成为第二个特洛伊城。杰弗里写的历史糅合了梅林的预言和亚瑟王的事迹。据说亚瑟王被背叛前曾征服了丹麦和挪威、高卢和阿基坦。在杰弗里笔下，传说中的李尔王也位列不列颠诸王当中。

法国大革命后，科学的历史编撰向前迈出了一大步。绝对君主、封建领主、祭司的统治已经消失，一个充满自由、民主、国家意识的新世界正在召唤。过去与现在的鸿沟为历史提供了冷静客观地审视历史的空间。历史写作被认为与风格日渐流行的历史小说不同。历史小说的确是虚构的，但就像苏格兰小说家沃尔特·司各特（Walter Scott）爵士的作品一样，它也体现着真实的历史纷争，如《威弗利》(*Waverley*，1814)中的苏格兰与英格兰，或《艾凡赫》(*Ivanhoe*，1820)中的诺曼人和盎格鲁-撒克逊人这"两个敌对种族"。[7]

1824年，德国历史学家利奥波德·冯·兰克（Leopold von Ranke）为客观或科学的历史立下规则。他的《1494年以降的拉丁和条顿民族史》(*History of the Latin and Teutonic Nations since 1494*)有一条著名论断："评判过去、教育当下、造福后世，历史已经将此视为己任。当前的努力并不意味要承担如此高尚的责任：它只求呈现实际发生的事情。"[8]他表示，历史的主要目的不是把统治者分为好人和坏人，也不是教育后代，而是把记录事实当作首要任务。这意味着历史学家必须用教会和国家的档案来记录他们的工作，不能沉迷于无凭无据的突发奇想。司各特在小说《昆廷·达沃德》(*Quentin Durward*，1823)中极尽夸张，将法王路易十一描绘为荒淫残酷的暴君，兰克批评了他，称其对路易十一的描写依赖了菲利普·德·科米纳（Philippe de Comines）的回忆录。此后，历史书写强调原始资料要可靠，不做没有扎实档案证据的断言。

2.1 历史小说

匈牙利哲学家乔治·卢卡奇（György Lukács）在1937年表示，沃尔特·司各特的历史小说与利奥波德·冯·兰克的科学的历史是同时代的产物，都是在回应法国大革命和拿破仑战争之后过去与现在之间出现的明显裂痕。人物和情节可以被编织成戏剧性的历史叙事，反映新、旧世界（如中世纪或文艺复兴时期）之间的过渡。历史小说可以通过创造新场景、糅合真实历史人物与虚构角色，来弥补历史记录中的空白。小说可以创造真实，因为它追求的是艺术的真理，而不是历史准确性。它还可以在不同叙事形式之间自由发挥。历史著作也可以展现想象力，进行叙事的实验，但对历史证据的处理仍然要秉持学术和批判的态度。

兰克升任柏林大学教授后，根据普鲁士、奥地利、意大利等地的档案编著《十六、十七世纪的罗马教皇》（*The Popes of Rome in the Sixteenth and Seventeenth Centuries*，1834～1836）。然而，他虽然以史料准确为傲，却仍不免将日耳曼民族的历史讲成一个从塔西佗所描述的部落中崛起的宏伟叙事。他的写作采用了目的论的方法，快速推进到宗教改革时期，追溯了新教欧洲的崛起与教皇和天主教反宗教改革运动的衰落，普鲁士等民族国家的崛起与神圣罗马帝国的衰落，以及彼时欧洲各国正在构建权力均势，为的是防止路易十四建立起统摄欧洲全境的君主制。他的历史著作为后来所谓的"普鲁士学派"历史学家开辟了道路，后者关于普鲁士国家崛起的故事支持了奥托·冯·俾斯麦统一德意志的雄心。德意志统一后不久，俾斯麦便于1873年为该学派的海因里希·冯·特赖奇克（Heinrich von Treitschke）授予了柏林大学的历史学教席。随后，特赖奇克在1879～1889年出版了四卷本的《德国史》（*German History*），大力宣扬新教普鲁士政权领导下的德意志国家，批评了奥地利、天主教徒、社会主义者、犹太人等对手，并逐渐强化了对犹太人的批评。

这场追求历史之客观与科学的"兰克革命"传到了欧美其他大学，至少在理论上扩大了历史与神话之间的鸿沟。然而，仍有两点需要注意：其一，并非所有的历史都是学者撰写的；其二，即使是学者撰写的历史，有时也会更像神话而非历史，或提出无证据支撑、有失公允的推断。这往往是因为他们与当权者往来甚密，用历史来论证当权者的正当性。

1860年后，英国为倾向于严肃批判性学术研究的学者授予牛津和剑桥两校的钦定近代史讲席教授，进一步肯定了这场革命。[9]威廉·斯塔布斯（William Stubbs）是牧师兼兰贝斯宫图书馆管理员，他于1866年成为牛津钦定讲席教授，并于1872年创立了近代史本科学位。同时，J. R. 西利（J. R. Seeley）1869年被任命为剑桥钦定讲席教授，他在1873年引入了历史学荣誉学士学位（history Tripos）。然而，他们所撰写的历史本质上是"辉格"历史，带有相当浓厚的民族主义色彩，对英格兰自由的追溯，上至盎格鲁-撒克逊人，下至议会政府和帝国扩张。斯塔布斯则贡献了《英格兰宪政史选录》（*Select Charters of English Constitutional History*，1870）和三卷本《英格兰宪政史》（*Constitutional History of England*，1874~1878）。后来在牛津接替他的爱德华·奥古斯塔斯·弗里曼（Edward Augustus Freeman）在其六卷本的《诺曼征服史》（*History of the Norman Conquest*）中表示，盎格鲁-撒克逊人的自由并未被诺曼人彻底消灭，而是在中世纪的议会中重新出现了。他利用了一种认为盎格鲁-撒克逊本质上乃自由强大之种族的崇信,这种种族崇信发端于诉状律师兼历史学家沙伦·特纳(Sharon Turner)的《盎格鲁-撒克逊族史》(*History of the Anglo-Saxons*,1799~1804),也成了司各特小说的依据。特纳强调,盎格鲁-撒克逊的贤人议事会(Witan)非常重要,它是英格兰议会的前身,是"国家富强的典范和利器,前无古人,今世也少有国家能媲美"[10]。在剑桥,西利将这个英格兰故事进一步向外拓展,出版了《英格兰的扩张》(*The Expansion of England*,1885)。他在书中称,除印度外,英帝国可以说就是"大不列颠",是建立在盎格鲁-撒克逊血统、新教及经济利益共同体基础上的"英格兰民族的延伸"。

2.2 辉格派史学

辉格派(及后来的辉格党)属于自由派贵族阶级,是17世纪80年代到19世纪60年代间英国占主导地位的政治势力。因此,辉格派史学也是这一时期占主导地位的历史编撰学派。它宣称英国卓越超群,既避免了遍布欧洲的绝对君主主义和革命,也捍卫了新教,与专制主义的罗马天主教分庭抗礼。辉格派史学认为英国历史是连续渐进的,代表着进步。其本质是一条关于议会统治和君主立宪制的发展脉络,从盎格鲁-撒克逊贤人议事会和《大宪章》一直到1688年光荣革命和《1832年改革法案》(*The Great Reform Act of 1832*)。辉格派史学的海外叙事则称,大英帝国是自由贸易、基督教及文明的传播者。赫伯特·巴特菲尔德(Herbert Butterfield)在其《辉格党的历史解释》(*The Whig Interpretation of History*,1931)中批评称这种历史是意识形态化的,且过于简单化。

在美国,历史学家受到了德国的科学历史模式和英国盎格鲁-撒克逊主义的双重影响。赫伯特·巴克斯特·亚当斯(Herbert Baxter Adams)曾就读于海德堡大学,1878年起在约翰斯·霍普金斯大学任教,该大学采用的就是兰克式的历史教学法。在那里,他撰写了《新英格兰诸镇的日耳曼源流》(*The Germanic Origin of New England Towns*,1802)。他在约翰斯·霍普金斯大学的学生弗雷德里克·杰克逊·特纳(Frederick Jackson Turner)于1893年发表论文《边疆对于美国历史的意义》(*The Significance of the Frontier in American History*),将传播文明的拓荒者与野人的"残暴行为"相互对立。无论学院内外,美国的历史学都是对扩张、文明、"昭昭天命"等主题的拓展。1848年追逐淘金热前往加州的拓荒者赫伯特·豪·班克罗夫特(Hubert Howe Bancroft)撰写了一部卷帙浩繁的太平洋沿岸历史,从1542年西班牙人的抵达开始,一直写到1890年。[11]小说家纳撒尼尔·霍桑(Nathaniel Hawthorne)之子朱利安·霍桑(Julian Hawthorne)在其《从1492到1910年的美国历史》(*History of the United States from 1492 to 1910*)开篇写道,"美利坚民族体现并承担着解放和启蒙全人类的这一上帝旨意"[12]。

这场兰克革命在1898年传入法国,其标志是索邦大学教授夏尔-维克托·朗格卢瓦(Charles-Victor Langlois)和夏尔·塞尼奥博斯(Charles Seignobos)在其《历史研究导论》(*Introduction to the Study of History*)一书中宣布"历史学家依据文献而工作。文献是前人思想和行动留下的痕迹"[13]。然而,自1870年法国败给普鲁士人以来,法国的历史学家也一直在听从欧内斯特·勒南的建议,通过强调法国历史的统一和连续来重建民族精神。而对于1871年德国吞并阿尔萨斯-洛林地区,另一位索邦大学教授欧内斯特·拉维斯(Ernest Lavisse)则将其呈现为早自843年查理曼帝国分裂以来便开始的法德千年斗争中的一支短暂插曲。曾任新成立的巴黎政治大学（现多称为"巴政"）外交史教授的阿尔贝·索雷尔（Albert Sorel）撰写了一部多卷本《欧洲与法国大革命》（*Europe and the French Revolution*，1885～1904），书中称法国在大革命和拿破仑时期的野心也是法德千年斗争的一部分。加布里埃尔·阿诺托（Gabriel Hanotaux）是一位历史学家，曾在19世纪90年代担任法国外交部长，他后来撰写了具有强烈爱国主义色彩的《法国民族史》（*History of the French Nation*，1913），还写了《法国全球殖民地与全球扩张史》（*History of French Colonies and of French Expansion in the World*，1929～1934）。

1903年，研究古罗马与拜占庭帝国的盎格鲁-爱尔兰历史学家J. B. 伯里（J. B. Bury）在他就任剑桥钦定讲席教授的演讲中说，"历史是一门科学，恰如其分"，标志着英国再次接过兰克革命的接力棒。然而，这一观点遭到他的对手、剑桥历史学家乔治·麦考利·特里维廉（George Macaulay Trevelyan）的强烈反对，后者由于坚持历史是文学的一个分支而辞去了大学的研究员职位。特里维廉在1942年出版的《英国社会史》（*English Social History*）中回顾了乔叟、卡克斯顿①、莎士比亚、笛福、约翰逊博士、威廉·科贝特②、维多利亚女王时代，表现出对"快乐英格兰"时代的怀旧情绪，并激发了强烈的战时沙文主义。对这种沙文主义情绪的强化可见于通俗历史学家亚瑟·布莱恩特的《英格兰萨迦③1840～1940》(*English Saga 1840–1940*)，他将英格兰描述为"一座海上城堡……正在打一场救赎之战，不仅为欧洲，也为她自己的灵魂"；也见于青年A. L. 罗斯所著《英国历史的精神》(*The Spirit of English History*)。[14]

2.3 快乐英格兰

"快乐英格兰"(Merrie England)是一个想象中的黄金时代，宗教改革使社会不再快乐，工业革命则将劳动人口赶出了土地，而"快乐英格兰"指的正是这两

---

① 威廉·卡克斯顿（William Caxton）：1422～1491，英国第一位印刷商人，对英语文学的发展起到了关键的助推作用。
② 威廉·科贝特（William Cobbett）：1763～1835，英国著名记者、国会议员，以政治观激进、批评国家政策、倡导农村生活而闻名。
③ 萨迦（saga）：尤指古代挪威或冰岛讲述冒险经历和英雄事迹的长篇故事。

个时期之前的英格兰。在那个想象中的英格兰，人们经常开怀畅饮、歌舞游戏，庆祝各种圣徒节日。它畅想领主、约曼①、佃农之间是和谐的社会关系，也成为罗宾汉（Robin Hood）、沃特·泰勒（Wat Tyler）、莎士比亚笔下的福斯塔夫（Falstaff）等或真或假的豪杰角色的时代背景。工业革命之后，"快乐英格兰"成了人们追忆往昔的参照，著名的例子有威廉·布莱克（William Blake）的诗句"碧绿宜人的家园"，威廉·莫里斯（William Morris）的"工艺美术运动"（Arts and Crafts movement），以及罗伯特·布拉奇福德（Robert Blatchford）在其著作《快乐英格兰》（*Merrie England*，1893）中向工人推销社会主义，希望回归彼时的社群生活。包括阿加莎·克里斯蒂（Agatha Christie）的《马普尔小姐探案》（*Miss Marple*）、詹姆斯·赫里奥特（James Herriot）的约克郡兽医故事集、理查德·柯蒂斯（Richard Curtis）创作的情景喜剧《黑爵士》（*Blackadder*）和《蒂博雷的牧师》（*The Vicar of Dibley*）在内的莫里斯舞、乡村酒吧、板球运动、侦探小说、电视剧集都可以说是对"快乐英格兰"的隐隐回望。

---

① 约曼（yeoman）：指英国历史上介于绅士（gentry）与劳工之间的一个阶层，通常自己持有土地。

第二次世界大战动员并摧毁了国家和帝国，为历史的撰写带来新的挑战。对同盟国而言，坚称国家历史具有连续性并将大战视为其高潮和佐证相对容易。但对德国、日本等战败国来说，过去一两个世纪的民族史有一种以一场国家浩劫而告终的感觉。

在英国，读者众多的爱国历史学家仍在继续写作。亚瑟·布莱恩特在1950年出版了《优雅时代》(*The Age of Elegance*)，主题是英国的摄政时期①，1953年出版了《英格兰的故事：王国的缔造者》(*The Story of England: Makers of the Realm*)。A. L. 罗斯出版了《伊丽莎白时代》(*The Elizabethan Age*)三部曲：《伊丽莎白的英格兰》(*The England of Elizabeth*，1950)、《伊丽莎白时代英格兰的扩张》(*The Expansion of Elizabethan England*，1955)、《伊丽莎白文艺复兴》(*The Elizabethan Renaissance*，1971–1972)。据说丘吉尔曾表示，"历史会善待我的，因为我将成为它的书写者"，他出版了六卷本的

---

① 摄政时期：1811年，乔治三世因健康原因将乔治王子任命为摄政王，1820年，乔治王子继位，即乔治四世，摄政时期结束。这一时期，英国经济、文化、艺术等各方面发生了诸多变化，标志着国家从乔治时代进入维多利亚时代。

《第二次世界大战》(*The Second World War*,1948-1954),其中第二卷的标题《最光辉的时刻》(*Their Finest Hour*)定下了全书的基调。他还出版了四卷本的《英语民族史》(1956~1958),包括加拿大、南非、澳大利亚、新西兰等所谓"白人自治领"的历史,一直写到1900年。

但也有人提醒,不要沉醉于对昔日黄金时代的想象,无限歌颂英国的历史。剑桥大学彼得学院院长赫伯特·巴特菲尔德在1955年表示:"在对历史使命的认识上,历史学家可能会误导一个国家。对于自己命运的掌控能力,他们也可能会判断错误。"[15] 同样,《美国历史评论》(*American Historical Review*)期刊编辑博伊德·C.谢弗(Boyd C. Shafer)提醒道,要警惕自诩上帝选民、天命在身之类充满民族主义"幻想"的言论。他说:"神话可能是民族主义的某种根基,但神话与其他谬误一样,会自我延续,变得不真却真实。"[16]

20世纪80年代涌现出大量批判民族主义的作品。研究多族群国家印度尼西亚的政治学家本尼迪克特·安德森(Benedict Anderson)认为,民族绝非既定的,而是"想象的共同体"。人类学家欧内斯特·盖尔纳(Ernest Gellner)同样指出,民族既非自然天生，亦非神赐，而是神话。他将民族主义定义为一场政治斗争，目的是确保国家得到民族的支持，民族受到国家的保卫。同时，研究欧洲的历史学家埃里克·霍布斯鲍姆（Eric Hobsbawm）和研究津巴布韦的历史学家特伦斯·兰杰（Terence Ranger）在合编的《传统的发明》(*The Invention of Tradition*，1983）中表示，穿苏格兰短裙、唱民歌、加冕君主等那些自诩古老的传统更可能是近世的发明，目的是把各个群体联结起来，使其行动具有正当性。[17]

其中一个被揭穿的发明就是关于英国1940年的神话。一位叫克莱夫·庞廷（Clive Ponting）的英国国防部公职人员曾泄露了有关福克兰（阿根廷称为马尔维纳斯）群岛战争期间阿根廷战舰"贝尔格拉诺将军"号沉没的文件，并因此被政府依照《官方保密法》(*Official Secrets Act*）送上了法庭。他在1990年出版《1940：神话与现实》(*1940: Myth and Reality*），汇集并公布了大量研究结果，明显意在质疑这一神话。他断言：丘吉尔曾在1940年5月询问墨索里尼能否与德国达成和平妥协；敦刻尔克是一场灾难；不列颠之战能打赢，靠的多是地利，而非英雄主义；英国人民根本没有团结一心，也没有

"保持冷静，继续前进"（这句口号当时并未使用），而是人心散乱，士气低落。大卫·雷诺兹（David Reynolds）的《执掌历史》（*In Command of History*，2004）延续了这一批判，指出丘吉尔在《最光辉的时刻》一卷中称内阁在1940年5月从未讨论过谈判解决的方案，他犯有"重大掩盖罪"。[18]

法国的全民抗战神话在"二战"结束后20年屹立不倒。前抗战成员心气旺盛，写下大量的抗战史，想在历史中求得一席之地。维希政权的通敌卖国史被遗忘或粉饰了。历史学家罗贝尔·阿伦（Robert Aron）在1954年表示，1940~1942年的维希政权是无害的，还保护了法国人，只有1942~1944年的维希政权才公开协助德国人驱逐犹太人。1972年，美国历史学家罗伯特·帕克斯顿（Robert Paxton）打破了这一神话，他在《维希法国》（*Vichy France*）中称，维希政权并非忍受，而是主动寻求与德国人合作，意图从希特勒统治下的欧洲获益。他的断言受到了法国历史学家的广泛批评。后来，亨利·鲁索（Henry Rousso）1987年的《维希综合征》（*The Vichy Syndrome*）重启了对维希政权性质和意义的讨论。同时，其他历史学家也开始对这场抵抗运动展开更为细致的研究。一些研究者认为，积极抗战的法国人只占极少数，另一些则认为，这场"法国"抵抗运动中，很多都是西班牙共和党人、意大利反法西斯主义者、波兰犹太人或英国特工。

2.4 修正主义

历史既是过去发生的事，也是历史学家对过去之事的书写。一些人否认纳粹大屠杀或拜登2020年胜选是真实发生过的事。历史学家承认这些都是事实，但他们就这些事要写什么、如何写，则会随着时间推移而变化。他们常常会修改已经写就的内容，这就是所谓的"修正主义"。

修正主义产生的原因有很多。历史学家可能找到了新的材料，或是需要重新评估现有材料。历史环境发生变化，就会导致冷战或九一一事件之前与之后所写的历史有所不同。还有新学科和子学科的引入，如女性史、性别史、全球史、黑人史。历史也会不断面临新的问题，如"殖民主义遗留的问题是什么？"。对这类问题，历史学家之间可能会产生分歧，甚至彼此针锋相对。他们希望摒弃"既定意见"和"传统观点"，从而让同行和公众信服他们所做的"新的"或"原创的"解读。修正历史是他们的职业。

如果说在法国处理过去的历史并非易事,那么,在德意志联邦共和国,这几乎没有可能。自兰克时代到以灾难告终的这段德国历史,历史学家究竟应如何处理?"一战"老兵格哈德·里特(Gerhard Ritter)在1918年德意志帝国崩塌时30岁,他对俾斯麦和德意志帝国的区分很鲜明。他表示,德意志帝国的军事目标尚有限度,而纳粹德国则是极权主义的,由一个犯罪集团和一个疯子控制。他的观点在1961年与更年轻的历史学家弗里茨·费舍尔(Fritz Fischer)发生冲突,后者称德国想一统世界的野心并非始于1933年,而是早在1914年德意志帝国时期就已昭然若揭。费舍尔还表示,纳粹德国的发端可以追溯到俾斯麦时期,那时的德国已经走上了一条与自由主义、资本主义的欧洲强国不同的道路。他认为,由于德国错过了一次自由革命,其先进的工业发展与落后的封建-君主制政体之间的矛盾不得不通过帝国主义外交政策以及迫害犹太人和社会主义者这些"内部敌人"来解决。

1985年,美国总统里根与德国总理赫尔穆特·科尔在德国会面,并在比特堡公墓向包括党卫军士兵在内的德国阵亡将士致敬,再次引发有关纳粹德国历史的争论。那些迫切想摆脱纳粹历史忏悔情结的德国史学家认为，这是一次可以将他们对德国历史的回应"正常化"并重拾历史自豪感的机会。随后发生了所谓的Historikerstreit，即"史学家之争"，这次争论中，纳粹德国史的道歉派携起手来与其批评者展开辩论。辩论的一方有民族主义者、反共历史学家恩斯特·诺尔特（Ernst Nolte），他认为纳粹德国产生的缘由必须解释为是对布尔什维克革命和斯大林"罪行"的回应：希特勒的集中营并不比古拉格更残忍，种族灭绝也不比阶级灭绝更残忍。辩论的另一方有于尔根·哈贝马斯（Jürgen Habermas），他称诺尔特等人的行为实际是在为纳粹历史辩护，并指出无论德国历史多么令人痛苦，但如果德国要加入欧共体，就必须对其进行批判性评估。

据说日本对承认"二战"暴行罪责更为抵触。但东京教育大学[①]教授家永三郎就对此持批判态度。他编的中学教科书《新日本史》因不够爱国于1963年被文部省拒绝出版。对此，他在1965年通过数场讲座讲述了日本自1931年入侵中国东北

---

① 东京教育大学：如今的日本筑波大学。

到1945年的战争行为,并三次将日本政府告上法庭,起诉其对中学教科书的"检定"。1979年出版的英文版《日本最后的战争》(*Japan's Last War*)列举了1937年南京大屠杀,为发展日本经济及为日军提供"慰安妇"而抓捕朝鲜奴工,日本731部队在哈尔滨对俘虏进行非法细菌战实验的证据。

尽管同盟国利用了他们对纳粹的抵抗,却也并非无可指摘。随着时间的推移,对其帝国和殖民列强身份的批评逐渐显现。但这并不是一蹴而就的。约翰·加拉格尔(John Gallagher)和罗纳德·罗宾逊(Ronald Robinson)的《非洲与维多利亚时代的英国人》(*Africa and the Victorians*, 1967)没有专注于解释大英帝国在埃及和南非扩张的原因,即保护通往印度的贸易航线,而是着眼于其如何扩张。土著起义常被拿来作为权力扩张的原因,但对土著的镇压则鲜有提及。另外,20世纪60年代的去殖民化运动大体上被解释为是与长期以来已做好自治准备的殖民地精英的一场权力和平交接,而不是对殖民统治的暴力解放。

后殖民历史的出现使得上述观点发生了转变,其对帝国的分析采取的是被殖民者而非殖民者的视角。由作家(并非历史学家)发起的三次干预影响尤为突出。首先是1961出版的《大地上的受苦者》(*The Wretched of the Earth*)(英文版首次出版于1963年),作者是生于马提尼克①的精神病学家兼知识分子弗朗茨·法农(Frantz Fanon),他从法国殖民阿尔及利亚的经历中认识到,殖民主义的逻辑是将被殖民民族贬为野蛮人,从而为殖民者的酷刑等暴力行径正名。他还认识到,只有对殖民者施以暴力,才能恢复被殖民者的完整人格。[19]其次是《东方学》(*Orientalism*,1978)的出版,作者是在美国工作的巴勒斯坦裔知识分子爱德华·萨义德(Edward Said),他认为自拿破仑1798年登陆埃及以来,西方已经有系统地将阿拉伯和伊斯兰世界描述为软弱、女性化、搞帮派、残忍、无法自我改造的形象,以此为由对其进行帝国统治,并将其现代化。[20]最后是"庶民研究"(subaltern studies)学派,这一学派重点研究那些反抗殖民地精英的农民、工人、手艺人等群体。该学派的代表人物是出生于孟加拉的拉纳吉特·古哈(Ranajit Guha),他自1982年起编辑《南亚历史与社会著作》(*Writings in South Asian*

---

① 马提尼克:法国的一个海外省,位于加勒比地区。

History and Society），并出版《印度殖民地的农民起义初探》（*Elementary Aspects of Peasant Insurgency in Colonial India*，1983）。他发起的这场挑战被加亚特里·查克拉沃蒂·斯皮瓦克（Gayatri Chakravorty Spivak）等学者接力。斯皮瓦克出生于加尔各答，在美国进行学术研究，1988年发表了《庶民能说话吗？》（"Can the Subaltern Speak?"）一文。这篇文章展示了帝国的历史是由帝国建造者依据他们自己的档案书写的，它消灭了被殖民者的声音，并把自己的解读强加给他们。例如，她认为虽然女性对"娑提"①的声音已经无法复听，但它并非由英国"白人男性从棕皮肤男人手里解救棕皮肤女人"的印度野蛮习俗这么简单，而是一个"意识形态战场"，交战的一方是迫切要对亡夫家产宣示所有权的印度教家庭，以免其归属于寡妇，另一方则是寡妇想经此仪式追求理想之妇道的自由选择权。[21]

后殖民主义对帝国的解释并不是没有受到挑战。它在历史学家间引发的争议堪比一场文化战。因为问题的关键不仅仅在于历史的解释——不是

---

① 娑提：指印度教中女性要在亡夫葬礼上投火殉葬的仪式。

说哪个史学家的解释更忠实于事实依据,还在于帝国的历史到底由谁来讲,在于占主导地位的当权者之文明开化叙事中,历史学家该如何站位。简言之,这是白人历史与黑人历史之战。

2.5 历史框架或透镜

历史研究可以采用多种框架,有时也称透镜,它们都与地理和观点有关。框架或透镜可能只是单纯的方法论,但也可能包含政治色彩。国家就是一种标准的研究框架,侧重于一国的政府和社会。另一种框架是殖民或帝国,探讨一国或多国以移民、贸易、投资、统治等手段进行的扩张活动。这一框架下,边界及边界争端可能会成为其核心。但全球史框架则大有不同,它关注的是人、商品、思想的流动及互动,探索这几种因素如何跨越甚至颠覆边界。与全球史相关的是跨国史,比如,该框架就会研究不同国家间社会活动人士或战士之间的联系。他们可能会探索这些沟通何以既催生理解,也带来误解。后殖民史框架则从被殖民者的角度出发,不仅关注他们在殖民地的历史,也关注他们迁入宗主国大都市的历史。最后是生态史框架,以环境及人类对环境的影响作为研究的起点和终点。

一系列事件标志着这场文化战正式打响：1989年阿富汗游击队成功结束苏联占领，1991年第一次海湾战争，九一一纽约和华盛顿袭击事件，英美在阿富汗和伊拉克进行军事干预。美国、英国、法国如今用反伊斯兰主义把他们在中东的新帝国主义正当化。英国东方学家、普林斯顿大学学者伯纳德·刘易斯（Bernard Lewis）在1990年9月的《大西洋月刊》（*The Atlantic*）上发表《穆斯林愤怒的根源》（"The Roots of Muslim Rage"）一文，那一期的封面是一位戴着头巾的人正对着读者怒目而视。[22] 哈佛大学教授塞缪尔·亨廷顿（Samuel Huntington）在1993年的一篇文章中称，冷战结束后的冲突将是文明的冲突，发起方是对立的宗教和文化身份，自由、"文明"的世界将不得不自卫，1996年他又写书对此进行了详细阐述。[23] 在2003年出版的《帝国》（*Empire*）一书中，尼尔·弗格森（Niall Ferguson）认为大英帝国是一场"全球盎格鲁化"（Anglobalization）运动，把贸易、白人定居地、新教、善治带到了四分之一的世界。他总结道，"美帝国同先前的大英帝国一样，也一贯以自由为名而行事"。[24] 两年后，他出版了《巨人》（*Colossus*），再次论证"自觉的美帝国主义"。他坦言，美国人向来拒绝承认他们其实经营着一个帝国，但他认为"美国人确实希望其他人以美国方式进行自我治理"，即民主和资本主义的方式。[25]

伊拉克战争沦为一场殖民占领与殖民抵抗战争，为重新审视帝国暴力提供了有利条件。大卫·安德森（David Anderson）和卡罗琳·埃尔金斯（Caroline Elkins）分别揭露了20世纪50年代英国为维系帝国统治在肯尼亚犯下的暴行，安德森将他的书命名为《被绞死者的历史》(*Histories of the Hanged*)，埃尔金斯则将她的书命名为《英国的古拉格》(*Britain's Gulag*)。[26]安德鲁·罗伯茨（Andrew Roberts）指责埃尔金斯对英国人"血口喷人"，作为反击，他于2006年出版《1900年以来的英语民族史》(*A History of the English Speaking Peoples since 1900*)，为丘吉尔的四卷本加上了第五卷和最终卷。[27]

与此同时，法国的外来移民特别是穆斯林裔移民引发了新一轮担忧，人们怕移民人口超过出生率一直下降的所谓"纯正法国人"的数量。但2011年的气氛似乎有所转变。让·拉斯帕伊（Jean Raspail）曾在反乌托邦小说《圣徒营地》

(*The Camp of the Saints*，1973）中预言一支拥有一千艘船、一百万移民的舰队在法国南部海岸登陆，该书在2011年重新出版，新增的序言中警告说："最陌生的民族、部落、国家已经打到咱们家门口了，一旦硬闯进来，遗产保准就归他们了。"作者预测说，除非进行"某种收复失地运动"①，否则到2050年，50%以上的法国居民都将是非欧洲裔人口。[28] 此书是国民阵线②党首、法国总统候选人玛丽娜·勒庞（Marine Le Pen）的最爱，她将其推荐给了唐纳德·特朗普的首席战略师史蒂夫·班农（Steve Bannon）。[29] 与此同时，另一位老牌反动分子雷诺·加缪（Renaud Camus）出版的《大取代》(*Le Grand Remplacement*）也发出了同样的警告，称法国人正被移民"取代"。[30]

对那些坚持认为西方应该属于白种人和基督教的人而言，"大取代"理论在2015年移民

---

① 收复失地运动：原文为西葡语词Reconquista，意为"再征服"，特指基督教国家为从穆斯林摩尔人手中夺回伊比利亚半岛（又称"西班牙半岛"）大部分领土，在718～1492年发起的一系列战役。
② 国民阵线（Front National）：法国极右翼政党，1972年由玛丽娜·勒庞的父亲让-马里·勒庞（Jean-Marie Le Pen）创立，2018年更名为"国民联盟"，以避免英国同名组织混淆。

2. 我们如何来到当下？

危机的助推下为他们提供了更多弹药。2017年，美国波特兰州立大学政治学教授布鲁斯·吉利（Bruce Gilley）在《第三世界季刊》（*Third World Quarterly*）上发表题为《殖民主义的理由》（"The Case for Colonialism"）的论文，认为殖民主义的根基是善治和文明开化的使命，应该再实践一次。在期刊收到反对学者的两份请愿书后，他的论文被撤回，但后来又在《学术问题》（*Academic Questions*）期刊重新发表。[31]同年，牛津大学的奈杰尔·比格继续就此事发力，发起了"伦理与帝国"（Ethics and Empire）研究项目，该项目重启了文明开化的使命，认为大英帝国曾经好坏兼有，并称这场争论的核心在于"西方的道德权威"。

面对此番攻势，一系列后殖民批判接踵而至：印度前部长沙希·塔鲁尔（Shashi Tharoor）2017年的《不光彩的帝国》（*Inglorious Empires*）称英国不但掠夺印度，还实施残酷的分裂统治；剑桥学者普里亚姆瓦达·戈帕尔（Priyamvada Gopal）的《起义的帝国》（*Insurgent Empire*）记录了殖民地对大英帝国的抵抗，并表明英国激进派支持了这些抵抗运动；斯坦福大学历史学家普里亚·萨提亚（Priya Satia）在《时间的怪物》（*Time's Monster*）

中指出，1857年印度民族大起义后，英国以压迫代替自由改革，推行种族优劣有别的意识形态和一种新的帝国傲慢。萨提亚巧用了萧伯纳在1897年的戏剧《命运之人》(*The Man of Destiny*)中借拿破仑之口发表的意见，即英国人"从不缺有效的道德态度……你永远不会发现英国人犯错"[32]。

2022年，卡罗琳·埃尔金斯以《暴力的遗留问题》(*Legacy of Violence*)重返这场文化战，她在书中援引2011年爆出的英政府丑闻，即英国对暴露了其暴行线索的殖民地记录要么已销毁要么已封锁，称"暴力内在于自由主义"，她还称，借着紧急措施和戒严手段，英帝国实际建立在"对不法的合法"上。[33]奈杰尔·比格不甘示弱，他在《殖民主义》(*Colonialism*，2023)中抨击了"反殖民主义者"，还强调"殖民历史中的自由主义和人道主义原则及行动值得赞扬、继承，并应在未来践行"[34]。

帝国和民族的建造者往往诉诸历史上的神话，自称是特洛伊或罗马的后裔，或是肩负文明开化的重任。历史学家的任务就是要批判，甚至破除这些神话，多数时候是要揭露潜藏在这些论调和野心背后的权力运作。历史学家并非总是置身象牙塔，反而与权力很近，所以一旦他们自己参与了神话的创造，就会产生问题。当有其他证据和方法时，新生代历史学家必须加入对新一轮神话的批判和破除中来。

历史与权力：正当性之争

回到乔治·奥威尔的观点。《1984》里的政党方针说，"谁控制了过去，谁就控制了未来。谁控制了现在，谁就控制了过去"[35]。一切政权都用历史叙述使其已经夺取并掌握的权力正当化。取自历史的模式和先例能赋予权力权威，并通过证明当权者理应掌权获得民众支持。他们经常借用目的论的历史模式，不仅为当下权力正名，还将它向未来投射，创造即将实现的愿景。长此以往，其正当性便获得了认可。

尽管如此，权力仍然总会受到挑战。抵抗、叛乱，甚至革命都有可能。革命会带来一个理论问题，因为革命政权取代了此前的政权，所以革命政权不能或不愿诉诸传统或先例，而可能会诉诸原状，即被取代的现状之前的状态。因此，近现代革命者常自诩为推翻暴君统治的新版罗马共和国。但他们也敢于全然否定历史,称自己的政权是建立在第一性原理①之上的新秩序。君主权力的辩护者认为,权威自上而来,由上天或神祇赠予。民主权力的辩护者认为,权威自下而来,由人民授予,并认为人权神圣不可侵犯。这样来看,革命创造了新的正当性,并认为历史也随着他们建立的美丽新世界重新开始。

  本章从两个层面探讨历史的作用。第一层,探讨当权者及其幕僚如何利用历史使权力正当化。第二层,分析旧政权和革命政权的史学家,他们或许是"据实"书写历史,但也很可能对当前政权多少抱有同情。正如史学家E. H. 卡尔(E. H. Carr)1961年所说,"当我们拿起一部历史著作,首先关心的不应该是它所包含的事实,而是书写它的史学家"[36]。史学家当然受到权力的束缚。他们可能是宫廷史学家、官方史学家,也可能是异见史学家、激进史学家。他们彼此争锋,热衷于推销自己的历史解读,否定对手的阐释。他们深受所处历史背景的影响,如英国光荣革命、美国

---

① 第一性原理:哲学与逻辑术语,指最基本的假设,是进行一切推理演绎的根本前提。

独立战争、法国大革命、1848年欧洲革命、美国南北战争、冷战以及黑人民权运动等。

古代帝国、中世纪君主制、近现代革命

在中国，皇帝几千年来被认为是处天地之间，受天命而御万民。若天下不顺，发生洪涝、干旱、饥荒、内乱，则显然是皇帝失了天命，应由下一个获得帝位之人承其天命。大约在公元前1050年，周灭商时最早提出了天命说。自汉朝（公元前202~220）起，规定父为子纲、夫为妻纲、君为臣纲的儒家伦理使这一学说得到巩固。后来的明朝（1368~1644）和清朝（1644~1911）也自称承接了天命。

在中世纪和近代早期的欧洲，君权最常见的正当化方式就是君权神授说。这种学说认为，君主由神指命，君位的继承通常应该世袭。君权神授说源自《圣经》：先知萨麦尔向以色列人宣告，上帝指定了扫罗王和大卫王先后统治他们，违抗王命则被视为违抗上帝。与天命说不同，君权神授说自认为不附带任何条件，臣民要无条件服从统治。在这种至高无上的权威下，权由神授的君主往往会自诩拥有绝对的权力，不受习俗或代议制机构的约束。1397年英格兰国会开幕大典上,大法官兼埃克塞特主教埃德蒙·斯塔福德(Edmund Stafford)为巩固理查二世的君权,引《旧约·以西结书》37:22语,"有一王作他们众民的王"。他宣称,这要求"第一,国王要统治,权力应足够大。第二,王法要妥善执行。第三,臣民应服从王命"。[37]

推翻皇权或君权的人,必须从另一种历史模式中寻求正当性。最初,这一模式是罗马共和国,它始于公元前507年塔克文国王被逐,止于公元前31年奥古斯都自封为王。蒂托·李维撰写的《罗马史》(The History of Rome)赞扬了身兼士兵的罗马公民,捍卫自由的元老院和护民官等机构,以及一个培养公民美德与爱国心的公民宗教。行政权一般由两名执政官执掌,但危难当头也可以任命一名短期独裁官。但独裁官总有可能越权而侵犯自由。独裁官尤利乌斯·恺撒公元前44年被布鲁图斯领导的一群元老院成员暗杀,此事成为后来的共和主义者抵抗暴政、捍卫自由的参考。

文艺复兴时期,意大利城邦的人文主义思想家转向罗马共和模式,以抵御王室家族的野心,捍卫这些共和国。美第奇家族诸王1494年被逐出佛罗

图2.3 《尤利乌斯·恺撒遇刺图》，温琴佐·卡穆奇尼绘于1793～1796年，棕色墨水钢笔画，毛刷灰色水洗，石墨打底

公元前44年，布鲁图斯率众刺杀尤利乌斯·恺撒，后世一直用这一事件证明为自由弑暴君是正当之举。

伦萨共和国，1512年又返回，这一期间为佛罗伦萨共和国效忠的马基雅维利重新发现了李维，并写了评述李维《罗马史》的《论李维》(*Discourses*)一书。他写道："那些在建立共和国中表现谨慎的人把捍卫自由当成该体制之要务。"(*Discourses*, I, 5)他强调，公民美德或爱国心、公民组建的军队（因为雇佣军被视为独裁官的工具）、支持城邦的公民宗教（不像只会教人臣服并分裂意大利的天主教会）都非常重要。

英国内战

17世纪初期，为防止政治、宗教及社会动荡，欧洲君主复兴君权神授说。苏格兰的詹姆斯六世和英格兰的詹姆斯一世在1609年警告议会不要挑战君权，因为"君主制政体在地球上是至高无上的；国王不但是上帝在地球的代理者，坐在上帝的宝座上，而且就连上帝也称他们为神"。但普通法系和议会制的辩护者迫切想遏制詹姆斯一世和查理一世对绝对君主制的推行，他们在所谓的"古宪法"中为自己的观点找到了历史依据，该宪法是议会限制王权的一系列法规。詹姆斯的王座法院首席法官爱德华·柯克爵士（Sir Edward Coke）主张，"除了法律赋予他的权力之外，国王没有任何其他特权"，而这个法就是盎格鲁-撒克逊法，它得到了诺曼人的首肯，1215年约翰王签署《大宪章》标志着它的正式确立。柯克宣称："《大宪章》这个家伙容不得任何君主凌驾其上。"[38]

17世纪40年代，随着英国陷入内战，平等派等更激进的活动人士称这种"古宪法"只是捍卫封建领主利益的诺曼法，《大宪章》也不过是"一个卑微的东西,包含许多无法容忍的束缚"。他们提出与之对立的"诺曼枷锁"说,称必须废除现有法律,恢复盎格鲁-撒克逊人1066年以前便享有的生而自由的英格兰人的自由权利。[39]

1649年,查理一世被处决,英格兰建立了隶属国务会议的英联邦,或者说共和国,此后,英格兰回归了罗马共和国版的自由理念。曾研究过李维和马基雅维利的诗人约翰·弥尔顿(John Milton)被任命为英联邦外语秘书。他撰写了《为英国人民声辩》(*Defence of the People of England*, 1651),并在书中宣称:"很显然,无论时间和手段,罗马人中的豪杰对暴君都是能杀则杀,而且和以前的希腊人一样认为此举值得最高赞誉。"[40]

1660年,共和政体倒台,君主制复辟,胜利者占得了撰写内战史的先机。曾于1640~1641年短暂尝试调和国王与议会关系的爱德华·海德(Edward Hyde)成了查理一世的顾问和王政复辟时期的设计师,也被查理二世封为克拉伦登伯爵(Earl of Clarendon)。他所写的历史于1702~1704年出版,借其名《大叛乱史》(*The History of the Great Rebellion*)攻击议会的正当性。对于查理一世的处决,他毫不客气地形容是"自我们可敬的救世主被杀以来犯下的最可憎的谋杀"[41]。

君权复辟后,共和制的观点受到打压,这意味着同情内战的历史要等更久才会出现。凯瑟琳·麦考利(Catharine Macaulay)是肯特郡一位地主的女儿,丈夫是苏格兰一名内科医生。凯瑟琳研究希腊和罗马的共和制,反对她眼中乔治三世治下的王权专政和腐败的、为贵族所有的议会,并在1763~1783年写了《英格兰历史:从詹姆斯一世登基到光荣革命》(*The History of England from the Accession of James I to the Revolution*)。她对查理一世的评价与弥尔顿的激进观点相呼应,认为"国王是国家的仆人,一旦堕落为暴君,便丧失了统治的权利",并称英联邦是"史书中最辉煌的时代"。[42]

大英帝国的君主专制和腐败也遭到美洲殖民者的反对。在进行革命和独立战争之前,他们最初是从古罗马寻找自身的正当性。他们自视为充满公民美德和爱国心的"新罗马人",拒绝乔治三世的统治,将其描绘成邪恶的尼禄皇帝。1776年的《独立宣言》称:"当今大不列颠国王的历史,是一再损人利己和强取豪夺的历史,所有这些暴行的直接目的,就是想在这些邦建立一种绝对的暴政。"但与此同时,美国革命开启了人类历史的新篇章，使得引述历史不再那么必要。《独立宣言》宣布：

> 我们认为下列真理不言而喻：人人生而平等，造物者赋予其若干不可剥夺的权利，包括生命权、自由权和追求幸福的权利；世间政府是为保障这些权利而建的，政府的正当权力来自于被治理者的认可。

1782年诞生的美国国徽使用了拉丁格言"novus ordo seclorum"（意为"时代新秩序"），它要表达的观点是：新时代开启了，过去的错误和不公一去不复返。亚历山大·汉密尔顿（Alexander Hamilton）在为联邦宪法的制定而奔走时，否定了"希腊、意大利这两个共和小国的历史"，因为它们唯一的启示是，它们"永远处于暴政和无政府这两极间的动荡状态"。在他看来，现代制宪者应该摆脱历史，转向正快速发展的"政治科学"，尤其是法国思想家孟德斯鸠的著作。孟德斯鸠认为，大国不一定要成为君主制国家，也可以成为联邦制共和国。[43] 尽管如此，美国宪法在1789年由各州同意通过，故意复兴了罗马共和国的制度，

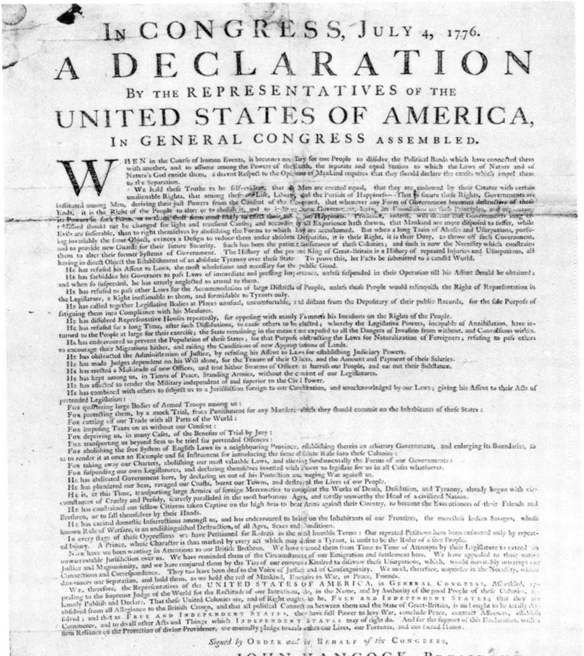

IN CONGRESS, JULY 4, 1776.

A DECLARATION

BY THE REPRESENTATIVES OF THE

UNITED STATES OF AMERICA,

IN GENERAL CONGRESS ASSEMBLED.

WHEN in the Course of human Events, it becomes necessary for one People to dissolve the Political Bands which have connected them with another, and to assume among the Powers of the Earth, the separate and equal Station to which the Laws of Nature and of Nature's God entitle them, a decent Respect to the Opinions of Mankind requires that they should declare the causes which impel them to the Separation.

We hold these Truths to be self-evident, that all Men are created equal, that they are endowed by their Creator with certain unalienable Rights, that among these are Life, Liberty, and the Pursuit of Happiness—That to secure these Rights, Governments are instituted among Men, deriving their just Powers from the Consent of the Governed, that whenever any Form of Government becomes destructive of these Ends, it is the Right of the People to alter or to abolish it, and to institute new Government, laying its Foundation on such Principles, and organizing its Powers in such Form, as to them shall seem most likely to effect their Safety and Happiness. Prudence, indeed, will dictate that Governments long established should not be changed for light and transient Causes; and accordingly all Experience hath shewn, that Mankind are more disposed to suffer, while Evils are sufferable, than to right themselves by abolishing the Forms to which they are accustomed. But when a long Train of Abuses and Usurpations, pursuing invariably the same Object, evinces a Design to reduce them under absolute Despotism, it is their Right, it is their Duty, to throw off such Government, and to provide new Guards for their future Security. Such has been the patient Sufferance of these Colonies; and such is now the Necessity which constrains them to alter their former Systems of Government. The History of the present King of Great-Britain is a History of repeated Injuries and Usurpations, all having in direct Object the Establishment of an absolute Tyranny over these States. To prove this, let Facts be submitted to a candid World.

He has refused his Assent to Laws, the most wholesome and necessary for the public Good.

He has forbidden his Governors to pass Laws of immediate and pressing Importance, unless suspended in their Operation till his Assent should be obtained; and when so suspended, he has utterly neglected to attend to them.

He has refused to pass other Laws for the Accommodation of large Districts of People, unless those People would relinquish the Right of Representation in the Legislature, a Right inestimable to them, and formidable to Tyrants only.

He has called together Legislative Bodies at Places unusual, uncomfortable, and distant from the Depository of their public Records, for the sole Purpose of fatiguing them into Compliance with his Measures.

He has dissolved Representative Houses repeatedly, for opposing with manly Firmness his Invasions on the Rights of the People.

He has refused for a long Time, after such Dissolutions, to cause others to be elected; whereby the Legislative Powers, incapable of Annihilation, have returned to the People at large for their exercise; the State remaining in the mean time exposed to all the Dangers of Invasion from without, and Convulsions within.

He has endeavoured to prevent the Population of these States; for that Purpose obstructing the Laws for Naturalization of Foreigners; refusing to pass others to encourage their Migrations hither, and raising the Conditions of new Appropriations of Lands.

He has obstructed the Administration of Justice, by refusing his Assent to Laws for establishing Judiciary Powers.

He has made Judges dependent on his Will alone, for the Tenure of their Offices, and the Amount and Payment of their Salaries.

He has erected a Multitude of new Offices, and sent hither Swarms of Officers to harrass our People, and eat out their Substance.

He has kept among us, in Times of Peace, Standing Armies, without the consent of our Legislatures.

He has affected to render the Military independent of and superior to the Civil Power.

He has combined with others to subject us to a Jurisdiction foreign to our Constitution, and unacknowledged by our Laws; giving his Assent to their Acts of pretended Legislation:

For quartering large Bodies of Armed Troops among us:

For protecting them, by a mock Trial, from Punishment for any Murders which they should commit on the Inhabitants of these States:

For cutting off our Trade with all Parts of the World:

For imposing Taxes on us without our Consent:

For depriving us, in many Cases, of the Benefits of Trial by Jury:

For transporting us beyond Seas to be tried for pretended Offences:

For abolishing the free System of English Laws in a neighbouring Province, establishing therein an arbitrary Government, and enlarging its Boundaries, so as to render it at once an Example and fit Instrument for introducing the same absolute Rule into these Colonies:

For taking away our Charters, abolishing our most valuable Laws, and altering fundamentally the Forms of our Governments:

For suspending our own Legislatures, and declaring themselves invested with Power to legislate for us in all Cases whatsoever.

He has abdicated Government here, by declaring us out of his Protection and waging War against us.

He has plundered our Seas, ravaged our Coasts, burnt our Towns, and destroyed the Lives of our People.

He is, at this Time, transporting large Armies of foreign Mercenaries to compleat the Works of Death, Desolation, and Tyranny, already begun with circumstances of Cruelty and Perfidy, scarcely paralleled in the most barbarous Ages, and totally unworthy the Head of a civilized Nation.

He has constrained our fellow Citizens taken Captive on the high Seas to bear Arms against their Country, to become the Executioners of their Friends and Brethren, or to fall themselves by their Hands.

He has excited domestic Insurrections amongst us, and has endeavoured to bring on the Inhabitants of our Frontiers, the merciless Indian Savages, whose known Rule of Warfare, is an undistinguished Destruction, of all Ages, Sexes and Conditions.

In every stage of these Oppressions we have Petitioned for Redress in the most humble Terms: Our repeated Petitions have been answered only by repeated Injury. A Prince, whose Character is thus marked by every act which may define a Tyrant, is unfit to be the Ruler of a free People.

Nor have we been wanting in Attentions to our British Brethren. We have warned them from Time to Time of Attempts by their Legislature to extend an unwarrantable Jurisdiction over us. We have reminded them of the Circumstances of our Emigration and Settlement here. We have appealed to their native Justice and Magnanimity, and we have conjured them by the Ties of our common Kindred to disavow these Usurpations, which, would inevitably interrupt our Connections and Correspondence. They too have been deaf to the Voice of Justice and of Consanguinity. We must, therefore, acquiesce in the Necessity, which denounces our Separation, and hold them, as we hold the rest of Mankind, Enemies in War, in Peace, Friends.

We, therefore, the Representatives of the UNITED STATES OF AMERICA, in GENERAL CONGRESS, Assembled, appealing to the Supreme Judge of the World for the Rectitude of our Intentions, do, in the Name, and by Authority of the good People of these Colonies, solemnly Publish and Declare, That these United Colonies are, and of Right ought to be, FREE AND INDEPENDENT STATES; that they are absolved from all Allegiance to the British Crown, and that all political Connection between them and the State of Great-Britain, is and ought to be totally dissolved; and that as FREE AND INDEPENDENT STATES, they have full Power to levy War, conclude Peace, contract Alliances, establish Commerce, and to do all other Acts and Things which INDEPENDENT STATES may of right do. And for the support of this Declaration, with a firm Reliance on the Protection of divine Providence, we mutually pledge to each other our Lives, our Fortunes, and our sacred Honor.

Signed by ORDER *and in* BEHALF *of the* CONGRESS,

JOHN HANCOCK, PRESIDENT.

ATTEST.
CHARLES THOMSON, SECRETARY.

PHILADELPHIA: PRINTED BY JOHN DUNLAP.

图2.4 《独立宣言》首次印刷版，约翰·邓拉普1776年制作

这份文件标志着依据人权和人民主权来论证正当性的新出发点。

即由参议院和众议院组成国会，每4年选举一次总统，以防出现专制。

法国大革命

法国大革命的发起者也在到底是从罗马历史中寻求正当性还是称权利源于自然之间左右为难。雅各宾派革命者1792年建立共和国，1793年处决路易十六，他们自证正当性的做法和美国一样，称自己效法了罗马共和主义者。他们强调公民美德和爱国心，这些品质是在反对王权专政中铸就的，是靠组织起来保家卫国的公民军队及取代君主制天主教会的公民宗教来维系的。革命青年圣茹斯特（Saint-Just）敦促国民公会以叛国罪审判国王时援引了罗马的先例，说"速速审判国王，因为布鲁图斯对恺撒的权利，这里没有一个公民不享有"[44]。雅各宾派领导人马克西米连·罗伯斯庇尔曾设问并作答："何谓民主政府之根本原则？是美德，我指的是曾在希腊、罗马创造了诸多奇迹的公民美德，它们还将在共和制的法国创造更多奇迹。"[45]

另外，大革命事业的根本理念是如今主权来自人民，而非上帝，且新宪法应对人类不言自明的权利予以保护。《人权宣言》写道:"在权利方面,人人生而且始终自由平等,这些权利为自由权、财产权、安全权、反抗压迫权。"下文继续写道:"国民是一切主权的根本源泉;任何个人或团体都无权享有国民未明确授予的任何权威。"在此基础上,国民议会很快成立,废除了贵族制度、封建主义、省级自由权,也改革了天主教会。1793年10月,法国开始采用一种革命性的历法,将1792年9月22日,即共和国成立之日定为共和元年的第一天。

新正当性的如此确证与君主制的惯例和神圣地位背道而驰,令辉格党政治家兼作家埃德蒙·伯克(Edmund Burke)极为反感,他担心这种革命思想会跨过英吉利海峡。伯克在1791年《法国大革命的反思》(*Reflections on the Revolution in France*)中否定了1789年的原则,支持1688年英国光荣革命的原则,他认为,光荣革命并非真正的革命,"发起的目的是维护我们古老的不容置疑的法律和自由,维护政府的古宪法,那是我们法律和自由的唯一保障"。法国国民议会从无到有的制宪经过令他十分惊愕,他表示"我们迄今为止的所有改革都是在以古为据的原则下进行的",上可追溯至《大宪章》。[46]

对法国大革命一腔热血的英国人反驳了伯克的论点。激进派托马斯·潘恩（Thomas Paine）在大革命初期访问了法国。他写下《人的权利》(*Rights of Man*, 1791) 一书，驳斥伯克引述古宪法为英国君主制和贵族统治的正当性服务。潘恩宣称："我争取的是活人的权利，反对死人手稿中的假定权威将它剥夺……而伯克先生主张的是，死人对活人的权利和自由享有权威。"潘恩表示，那些捍卫古代的人"回溯的并不够古远"，如果他们回到造物主造人的时代，就会发现情况正如法国和美国革命者所言，即"人人生而平等，拥有平等的自然权利"，这真可谓讽刺。[47]

法国大革命后来演变成一场对革命敌人的战争和恐怖行动，引发了早期历史学家的反对。流亡英格兰的耶稣会神父奥古斯丁·巴鲁埃尔（Augustin Barruel）撰写了《雅各宾主义历史回忆录》(*Memoirs Illustrating the History of Jacobinism*, 1798～1799)，界定了什么是反革命立场。他认为，大革命是启蒙运动哲学家和共济会徒无端策划的一场阴谋，为的是推翻天主教会、君主制和传统社会秩序。

1814年、1815年君主制两次复辟（其间拿破仑曾短暂回归）后，在君主专制和暴民统治间探求中道的自由派从大革命中汲取了教训。新闻记者阿道夫·梯也尔（Adolphe Thiers）同时也是充满理想的自由派政治人物，他在《法国大革命史》（*History of the French Revolution*，1823～1827）里批评了复辟的绝对君主制和把革命推向"过度"的"卑劣的民众"。他将目光投向1789～1792年的法国君主立宪制及1688年光荣革命后的英国君主制，认为此两者是1830年法国君主立宪制的榜样，他本人也成为这一时期法国的主要部长。

　　对梯也尔这样的人来说，君主制复辟不幸却未能平息法国仍在进行的共和制复辟斗争。问题在于，共和制会不会让"恐怖统治"①重演？法兰西公学院历史学教授朱尔·米舍莱（Jules Michelet）认为不会。他在1847年出版的《法国大革命史》（*History of the French Revolution*）中断言，1789年的革命非但没有产生暴力和分裂，反而"深具和平性"，将法兰西人民团结到了一起，

---

① 恐怖统治：罗伯斯庇尔领导的雅各宾派山岳党在大革命中夺取了国家统治权，以革命手段大规模处决"革命敌人"，史称"恐怖统治"或"恐怖时期"。

为1848年恢复和平民主的共和国提供了路线图。

可惜，1848年席卷欧洲的几场革命浪潮在历史学家之间引发了两极分化的反应。前印度官员、国会议员、陆军大臣、诗人托马斯·巴宾顿·麦考利（Thomas Babington Macaulay）在1848年11月出版了《英格兰历史》（*History of England*）第一、二部分，这部作品的戏剧性焦点是1689年奥兰治亲王威廉三世和玛丽二世在同意《权利宣言》后接受王位并受到伦敦民众热烈欢迎的场景。麦考利称，英国卓越超群，避免了1848年的革命，因为它在1688年找到了介乎专制与暴民统治的中间道路。他说："正是因为我们17世纪有一场保存性的革命，所以才避免了19世纪一场毁灭性的革命。正因为我们在奴役中拥有自由，所以在无政府中拥有秩序。"[48]

坚定的革命者卡尔·马克思对1848年革命的看法截然不同。马克思是莱茵人，该地区在1814年后曾隶属普鲁士王国，他遗憾地表示德国人"和现代各民族一起经历了复辟，而没有和他们一起经历革命。我们经历了复辟，首先是因为其他民族勇敢地发动了革命，其次是因为其他民族受到了反革命的危害"[49]。政治迫害令他1843年流亡巴黎，1845年又流亡布鲁塞尔，他的《共产党宣言》出版于革命爆发前夕。对马克思而言，与其说历史是正当性的来源，不如说它是事物的发展规律，预示着无产阶级革命终究不可避免。他将法国的政治革命史与英国的工业革命史相结合，论证了随着工业化在国际上展开，无产阶级的革命日益趋近。他宣布："至今一切社会的历史都是阶级斗争的历史。"① 他认为，法国大革命中资产阶级推翻了封建领主，为产业资本主义的快速发展开辟了道路，这使得对工人的需求和剥削也越来越大。罢工和抗议由此产生，共产党将作为"各国工人阶级政党中最先进的和最坚决的部分"应运而生。[50]

奴隶制与美国内战

在美国，《独立宣言》② 和宪法是公认的国家正当性的来源，但互相对立的政党对它们有着不同的解释。关于宪法的辩论，名义上争的是各州与联邦政府之间权力多寡的问题，但这些问题和蓄

---

① 译文引自：中共中央马克思恩格斯列宁斯大林著作编译局译，《共产党宣言》，人民出版社，2018年，第27页。
② 原文此处为 Declaration of Rights，即《权利宣言》，疑为作者笔误。根据后文内容判断，此处更可能是《独立宣言》。

奴制的纠葛让辩论越发难分难解。

1860年亚伯拉罕·林肯当选总统,彻底点燃了南方蓄奴州和北方废奴州之间的矛盾,双方都援引《独立宣言》和宪法为自己辩护。密西西比州参议员、内战中成为南方邦联总统的杰斐逊·戴维斯表示,《独立宣言》所称的"人人生而平等"指的是由公民构成的政治共同体,不包括被奴隶主视为私产的奴隶。他还称,联邦内财产主和各州的自由正在被"一种不受任何约束的多数人的暴政,一种最可憎、最不负责任的专制"所践踏。[51]作为反击,亚伯拉罕·林肯在1863年宣布解放南方邦联的400万奴隶,并于当年在葛底斯堡击败邦联军队后援引《独立宣言》,在葛底斯堡的公墓发表献词:

> 八十七年前,我们的先辈在这片大陆上建立新国,它孕育于自由,致力于实现人人生而平等的目标。现在,我们正处于一场伟大的内战中,它检验着这个国家,或如此孕育、目标相同的任何一个国家,能否长久存续……我们在此庄严决定,这些逝者不能白白牺牲,我国在上帝的眷顾下将迎来自由的新

生，民有、民治、民享的政府将永世长存。[52]

历史学家关于内战起源与意义的辩论如同欧洲关于法国大革命的辩论一样，都深受权力斗争和不断演变的历史环境的影响。尽管美国缺乏强大的马克思主义传统，但1900年前后出现的进步主义试图让企业资本主义服从民主制度。进步主义历史学家查尔斯·比尔德（Charles Beard）在1917年认为哥伦比亚大学过于反动而辞去教职。他与支持女权主义的妻子玛丽·比尔德（Mary Ritter Beard）在《美国文明的崛起》（*The Rise of American Civilization*，1927）中提出，美国内战是一场沿袭着英法革命的"社会战争"和"二次革命"。在这场战争中，"北方和西方的资本家、劳工、农民将南方的种植园贵族阶级从国家政府部门中赶下了台"[53]。

2.6 旧南方

"旧南方"是指美国内战前奴隶制时代的南方蓄奴州。内战、废除奴隶制、重建时期之前的这段历史常被

> 理想化为黄金时代。乡村、等级制、基督教是其主要社会特点,与城市化、工业化、个人主义的"扬基"① 北方社会截然不同。"旧南方"叙事下,种植园并非剥削和残酷的场所,而是一片和谐的小天地,在这里,正直的乡村绅士、贞洁的南方淑女、快乐勤劳的奴隶各得其所。对"旧南方"的描绘经常带有浪漫怀旧色彩,最著名的例子就是玛格丽特·米切尔(Margaret Mitchell)1936年的小说《飘》(*Gone with the Wind*)及据此改编的同名电影《乱世佳人》。

比尔德夫妇的观点在亲商业的20世纪20年代美国处于边缘地带,为历史学家所批评,这些历史学家许多任职于北方的大学,他们捍卫"旧南方"的生活方式。两年后,密歇根大学的乌尔里希·邦奈尔·菲利普斯(Ulrich Bonnell Phillips)回应道,奴隶制这种"特殊制度"实际上把奴隶开化了,他们"没有自己老家在非洲的记忆"。[54]印第安纳州记者兼历史学家克劳德·鲍尔斯(Claude Bowers)认为,内战后所谓的重建时期"简直是

---

① 扬基(Yankee):最早指美国东北部新英格兰人,后来被南方用来指北方人,再后来泛指美国人。

对南方人民的折磨"。⁵⁵伊利诺伊大学的 J. G. 兰道尔（J. G. Randall）同样表示，内战过后联邦军队在南方建立起"半军事政权"，"拎包"的北方政客和想提高黑人选票的"废物"都成了帮手①，等1877年北方军队撤退、南方重新掌控自己命运后才停止。⁵⁶

1963年，民权运动人士马丁·路德·金在华盛顿林肯纪念堂的台阶上援引林肯的《解放黑人奴隶宣言》和《独立宣言》发表演讲：

> 然而一百年后的今天，我们必须正视黑人还未获得自由这一悲惨的事实……我们共和国的缔造者草拟《宪法》和《独立宣言》中气壮山河的词句时，曾向每一个美国人许下诺言。他们承诺要保证所有人的生命权、自由权、追求幸福权这些不可剥夺的权利。但就有色公民而论，美国显然没有实现她的诺言……我梦想有一天，这个国家会站起来，

---

① 拎包（carpetbagging）：这一动作被特别用来形容美国重建时期一些乘机涌向南方的北方投机分子。废物（scalawag）：最早用来形容没用的农场动物或没出息的人，后特指美国重建时期一些为了私利而支持北方政策的南方白人。

真正实现其信条的真谛,即,"我们认为这些真理是不言而喻的:人人生而平等"。[57]

民权运动时期为新一代进步主义历史学家打开了大门,他们既谴责蓄奴制,也谴责1876年后在南方据所谓"吉姆·克劳法"(Jim Crow laws)实施的种族隔离和白人至上制度(这一套制度是对南方存在的种族隔离的合法化)。加利福尼亚大学伯克利分校的历史学教授肯尼斯·斯坦普(Kenneth Stampp)在1956年采用"特殊制度"这一委婉语,以平等的立场出发驳斥了所谓"有人生来就背着鞍子,而有人则骑在他们背上用靴子踢、用马刺刺"的南方观点。[58] 1965年,他为捍卫非裔美国人公民权和政治权的重建派政府辩护,称其是"南方所见过的最民主的政府"。[59]哥伦比亚大学青年教授埃里克·福纳(Eric Foner)的父母是犹太裔教师,曾在麦卡锡时代因共产党身份被解雇,他本人也投身于民权运动。他在《自由土地、自由劳动、自由人》(*Free Soil, Free Labour, Free Men*)中表示,内战中,激励北方共和党人的是奴隶解放和社会进步此两者所构成的连贯的意识形态。

图2.5 《棉花种植园的景象》木刻版画（局部），A. R. 沃德作，载于1867年《哈珀周刊》
这幅刻画种植园安宁氛围的作品及类似作品都美化了奴隶制，传达了一种旧南方一片祥和的神话。

这种解释成了新的正统观点，但南方的历史学家在里根时代后又向其发起反击。加里·加拉格尔（Gary Gallagher）称南方邦联"失败了的事业"强有力地重新界定了南方的身份，他凭借这一学术立场于1998年获得弗吉尼亚大学的教授职位。同时，北卡罗来纳大学的卡伦·考克斯（Karen Cox）表示，大众文化创造了一个"浪漫的、前现代的南方"神话，连北方人也很享受，1939年的电影《乱世佳人》就是其代表。[60]

俄国革命与冷战

法国大革命风云激荡,影响深远,成为所有后继革命者灵感的源泉。它展示了意志坚定的革命者的本领,也展示了一种新的正当性。同样重要的是,它也为革命者提供了可为与不可为的参考。罗伯斯庇尔被推翻的共和2年热月(1794年7月)对激进派是警示,对温和派则是启示。但拿破仑上台并宣布革命结束的共和7年雾月(1799年11月)对所有革命者都是一场噩梦。

马克思在参与革命和书写革命之间切换身份的同时也实时做出了他的历史解读。1851年12月2日,拿破仑·波拿巴的侄子路易·拿破仑·波拿巴推翻法兰西第二共和国,马克思即在《路易·波拿巴的雾月十八日》(*The Eighteenth Brumaire of Louis Bonaparte*,1852)中承认,历史的进程并不总是一条直线。他说,历史会出现两次,"第一次是悲剧,第二次是闹剧"。他称波拿巴主义是一种国家把自己独立于所有阶级的政权,并轻蔑地称后来成为拿破仑三世的路易·拿破仑是"一个海上吹来的冒险家,被一帮醉醺醺的士兵举在盾牌上,这些兵都是他拿烧酒和腊肠买来的,他还必须继续不断给他们送腊肠"[61]。然而,拿破仑三世于1870年被普鲁士人击败后,马克思认为革命之路已经重启。在《法兰西内战》(*The Civil War in France*)中,他赞扬了巴黎公社,称它是第一个工人阶级政权,尽管它很快就被资产阶级反动势力和俾斯麦的占领部队所镇压,但仍然是"新社会的光辉先驱"。[62]

俄国革命者列宁继承了马克思关于党应充当革命先锋队的观点,认为党为包括农民和工人在内的整个社会阶级带来了政治意识和政治组织。[63]布尔什维克党创立的目标是成为共产主义版的雅各宾派,列宁被对手马尔托夫讽刺地称为"罗伯斯庇尔"。[64] 1917年2月沙皇政权倒台后,列宁从巴黎公社中汲取灵感,同时也从它的失败中汲取教训。他认为,虽然巴黎公社废除了首都的资产阶级官僚体制、警察、常备军,但没有以无产阶级专政取而代之,结果被敌人的白色恐怖所淹没。[65]因此,他在用红色恐怖对付反革命分子时没有一丝顾忌。

这一意义非凡的事件很快就被记者写成了历史。约翰·里德(John Reed)在彼得格勒报道十月革命期间写下热情洋溢的《震撼世界的十天》(*Ten Days that Shook the World*)一书,并打动列宁为其作序,列宁在序中将此书推荐给了"全世界的工人"。[66] 1921年去莫斯科的威廉·张伯伦(William Chamberlin)写下了《俄国革命》(*The Russian Revolution*),称列宁具有"超拔的革命领导才干",并赞扬布尔什维克在"落后的、半亚洲的农民国家"里"建设社会主义"的雄心。[67] 张伯伦于1934年离开苏联,那时新总书记约瑟夫·斯大林已将无产阶级专政变为了党对无产阶级的专政,并开始清洗他的敌人。斯大林清洗敌手,以"国家政策工具"对付拒绝搬到"奴役制"集体农场的农民,让张伯伦深感震惊。[68]

法国大革命的历史和马克思对它的解读成了质疑斯大林背叛俄国革命早期承诺的武器。列宁的前战友托洛茨基谴责斯大林,称其对革命的背叛既是热月政变,是"官僚战胜了群众",也是波拿巴主义。他在1936年写道,"斯大林政权凌驾于一个政治原子化的社会之上,依仗一个军警团体,不允许任何监督,这显然是波拿巴主义的变体"[69]。与此同时,斯大林意欲确立君主制的正当性。他将自己比作俄国第一位沙皇伊凡雷帝,将其清洗比作伊凡对俄国波雅尔(即封建贵族)的屠杀。电影导演谢尔盖·爱森斯坦1944年推出

《伊凡雷帝》第一部向斯大林献礼，但斯大林禁止了第二部的发行。"你拍的沙皇优柔寡断，"斯大林抱怨道，"像哈姆雷特。伊凡雷帝是非常残忍的。你可以把他拍残忍，但得把他为何如此残忍讲清楚。"[70]

俄国革命的历史学家对革命的解释众说纷纭。有人将它视为革命的新灯塔，认为它取代了法国的模式，另外一些人则把它看作残暴的独裁统治。E.H.卡尔在两次世界大战的战间期任职于英国外交部和国际联盟①，曾于1937年到访苏联。他确信，苏联的计划经济是对20世纪30年代资本主义濒临崩溃的最佳答案，并在1950~1978年出版了一部了不起的多卷本苏联研究著作，但从未真正触及20世纪30年代的黑暗时期。

随着"二战"让位于冷战，E.H.卡尔也变得孤立无援。对斯大林、斯大林主义，特别是对清洗的敌意成为主流。波兰外交官之子兹比格涅夫·布热津斯基（Zbigniew Brzezinski）在1956年发表了他的哈佛博士论文《永恒的清洗》（*The*

---

① 国际联盟：1920年1月10日成立于巴黎和会，是首个以维护世界和平为宗旨的国际组织，联合国的前身。

Permanent Purge），将斯大林的政策描述为"极权主义工具",并于1976年成为美国总统吉米·卡特的国家安全顾问。战后先后任职于英国外交部和斯坦福大学胡佛研究所的罗伯特·康奎斯特（Robert Conquest）在1968年出版了《大恐怖》(The Great Terror)。他把雅各宾恐怖时期"狂热的理想主义者"和斯大林时代的"低俗犯罪"与"可怕屠杀"做了区分,他估计劳改营中有100万起处决和300万起死亡。[71]这一观点得到了苏联异见人士罗伊·梅德韦杰夫的支持,他在1972年出版的《让历史来评判》(Let History Judge)中谴责了斯大林的"权力欲望"和"残忍恶毒",以致这部作品只能在国外出版。[72]

关于马克思主义和俄国革命的辩论影响了历史学家对于英国内战和法国大革命的看法。克里斯托弗·希尔（Christopher Hill）1934年访问苏联并秘密加入共产党,他在1940年的《英国革命》(The English Revolution)中描绘了英国内战,强烈认为"内战是一场阶级战争,捍卫查理一世专制主义的是官方教会和保守地主阶级的反动派势力"[73]。据希尔称,1649~1660年的革命时期就涌现出了共和派、民主派、宗教激进派,甚至早期的共产主义者。与此同时,他反共的同代对手休·特雷弗-罗珀(Hugh Trevor-Roper)描述麦考利为"无可质疑的最伟大的'辉格史学家'",罗珀自己也接受了辉格史观。他认为内战是乡绅阶级和腐败宫廷之间的斗争,但他未能完成自己1957年开始创作的一部内战史巨著。他不喜欢希尔信奉的革命观和"中产阶级英国清教徒那冷峻、令人反感的面孔",但也无法提出任何替代方案。[74]与此同时,克拉伦登伯爵开创的托利党历史观被维罗尼卡·韦奇伍德(Veronica Wedgwood)所继承,她把自己的两卷本内战历史也命名为了《大叛乱》(*The Great Rebellion*,1955~1958)。韦奇伍德谴责了议会和军队的诉求,认为查理一世不是专制主义者,而是"捍卫其臣民之自由和英格兰法律免受专横权力之害的人"。[75]

1989年是法国大革命200周年,在此之前,对马克思主义和俄国革命的类似争论同样让法国历史学家相互抵牾。这次的背景是1985年苏联的"热月",当时米哈伊尔·戈尔巴乔夫出任总书记,为发展经济要求党进行民主改造,吸收新思想。当然,他并未称之为"热月",但他借列宁的"反官僚主义的战争"和列宁对"只知道记忆和重复公式"的嘲笑来宣称其正当性。[76]

> ### 2.7 马克思主义史学
>
> 马克思主义史学是由马克思及其追随者创立的历史研究方法，在1848年革命到20世纪最后三分之一的时间里占主导地位。它认为经济因素决定社会、政治的发展与矛盾。马克思主义理论认为，人首先是生产者，但"生产资料"（土地、资本）由少数人占有，这些人能对其他人进行剥削。该理论认为，在任何社会中，这种经济"基础"是其政治和意识形态"上层建筑"的先决条件。它认为快速变化的资本主义"生产力"（市场扩大、劳动分工、机械化）会与封建"生产关系"（农奴制、行会）发生冲突，进而引发资产阶级革命。资本通过扩大无产阶级规模及加重对无产阶级的剥削来实现扩张，并由此引发社会主义革命。马克思主义史学试图通过发现当下社会中的这些理论发展动向来建立社会主义和共产主义政党，并运用这些理论发展动向夺取政权。并非所有的马克思主义史学家都是共产主义者，但苏东共产党政权的下台对马克思主义史学产生了负面影响。

马克思主义和共产主义认为法国大革命是一场阶级战争，布尔什维克主义是雅各宾主义的再现，但随着苏联发生变化，这种看法逐渐在法国失势。反马克思主义的历史学家向马克思主义正统发起了攻击。1985年，一篇讨论旺代起义的论文在索邦大学被提交，并以挑衅味十足的标题《法国对法国的种族灭绝》("The Franco-French Genocide")发表[77]，捍卫教会与国王的旺代起义发生在1793年，后在"恐怖时期"遭到严酷镇压。后来，前共产党员、后成为反共历史学家的弗朗索瓦·菲雷（François Furet）领导了一场修正主义的攻势，他赞扬了1789年革命的开端，但妖魔化其"恐怖时期"，并称法国革命（共产主义）已经结束。他说，这个国家已经告别了它的暴力历史，成为正牌西方自由民主国家。[78]

回到俄国。1991年苏联解体，苏共政权终结，意味着马列主义不再被用作政治正当性的来源。而且，2000年出任俄罗斯总统的弗拉基米尔·普京批评了列宁，称后者建立的苏联允许加盟共和国脱离，给"我们国家的基业埋下了一颗定时炸弹"。他也没有向斯大林致敬，因为斯大林清洗异己的历史遗留问题仍未消除。相反，他复兴了对沙俄的崇拜，尤其是崇拜"公平正义、坚定不动摇"的亚历山大三世，以及1905年俄国革命后任尼古拉二世首相的彼得·斯托雷平，并展露了防止革命再次爆发并重振俄国雄风的雄心壮志。[79]

中国

在中国，"天命说"的正当地位在1911年清朝灭亡前一直比较稳固。革命者受到了法国和俄国革命的启发，且作为后来者，有机会仔细汲取前人的教训，中国共产党得以长久执政。

1842年后，清政府和中国社会仍饱受鸦片战争余波的影响，新的领导者、基督教皈依者洪秀全在南京成立拜上帝会，并于1850年发动太平天国起义。* 尤其值得注意的是，他用了"天命"的概念，自封"太平天国"的"天王"。清廷最终镇压了起义，但在1895年败给日本后再次陷入困境。流亡中的年轻革命者聚集在东京，出版了《民报》。革命者之一的汪东试图通过论证"既然天已经看不见也听不见，人民将按照天意行动"来调和天命与革命。另一位是孙中山，他在流亡中于1905年成立了革命团体"兴中会"，旗帜鲜明地以

---

* 原文此处史实有误。洪秀全是在广东花县成立的拜上帝会，发动起义的时间是1851年。（编注）

法国大革命的"自由""平等""博爱"为原则。

1919年,五四运动抗议巴黎和会上中国遭受的屈辱外交,扫荡了儒家思想的陈旧观念。国运动荡、军阀割据的同时,新思想层出不穷。孙中山的国民党迎来了一个新兴的对手共产党。1920~1921年,包括邓小平在内的一批年轻的中国共产党人前往法国半工半读,原因是他们的一位组织者毛泽东认为"夫论政治革命之著明者,称法兰西;论社会革命之著明者,称俄罗斯"。[80]国共两党曾一度联手对抗军阀割据,但在1927年,国民党的新领导人蒋介石开始镇压他的共产党盟友。毛泽东和马克思、列宁一样,转由巴黎公社寻找灵感。他认为,这是中国工人阶级的第一次革命,但与列宁的观点相呼应,他认为革命失败了,因为"没有一个统一的集中的有纪律的党作指挥",并且对敌人"太仁慈",所以才遭受了"白色的恐怖",造成1万人死亡。他总结道:"我们不给敌人以致命的打击,敌人便给我们以致命的打击。"[81]

虽然布尔什维克在1917年突然夺取了政权,但中国共产党在1949年掌权以前经历了长达28年的革命。毛泽东主要关注的是保持革命的势头,避免中国出现"热月"。获得政权后,他实行了经济集体化，并在1966年宣布发动"文化大革命"，要清除所有前革命和反革命思想。按照毛泽东对马克思的解读，他对上海宣布成立公社感到兴奋，但随后担心整个国家可能"脱离党的控制，变成'中国人民公社'"。

许多反对越南美帝国主义行径的西方知识分子起初对中国的"文化大革命"充满热情，将20世纪60年代的毛泽东式共产主义视为西方共产主义的一个替代方案，并认为西方的共产主义仍然是斯大林模式的。毛泽东"革命不是请客吃饭""造反有理"的口号鼓动了一代毛泽东主义青年。1967年访问中国的剑桥经济学家琼·罗宾逊（Joan Robinson）非常兴奋，称"大量此前不知名的革命青年变成了勇敢大胆的开拓者"[82]。在反共的麦卡锡时代遭到迫害的美国学者韩丁（William Hinton）和斯图尔特·施拉姆（Stuart Schram）也给出了积极评价。韩丁赞扬毛泽东"在这关乎未来的关键时刻发动群众运动，并引导它度过一个接一个的危机"[83]。施拉姆对红卫兵所组织的对阶级敌人进行纠错教育的"批斗会"表示赞同，因为"批斗意味着破坏，改造意味着建立新事物"[84]。

1976年毛泽东去世后，领导权交接到邓小平手里,他开启了经济上的"热月",批评"文化大革命""给我们带来很大灾难"[①],并承认"毛泽东同志不是没有缺点、错误的"[②]。

权力斗争位于历史的核心。夺权用权的人必须证明,自己的行为具备正当性,且这种正当性受到历史的背书。他们身为一朝皇帝,是因为承受了天命或被赋予神权。他们身为一国之王,是因为推翻了一个放弃了统治权的暴君。革命过后,他们是民主领袖,体现人民主权,获得了革命传统的认可。他们被推翻,是因为他们实施了恐怖统治或发动了政变,背叛了人权的革命原则。

历史学家本身也处于这场辩论的中央。他们或许身处大学图书馆,远离权力的倾轧,但他们的工作很少能逃脱权力的影响。有的历史学家曾担任宫廷历史学家或官方历史学家,要受任为某一领导者或政党辩护。其他历史学家可以写古罗马、中世纪王权、英国内战、法国大革命等方面的学术书籍和文章,但发现自己也很难逃离这些

---

① 译文引自:邓小平,《邓小平文选(第三卷)》,人民出版社,1993年,第234页。
② 译文引自:邓小平,《邓小平文选(第二卷)》,人民出版社,1983年,第139页。

事件中心的政治争论。像美国内战、民权运动、近当代俄国史或中国史这样的话题也绕不开权力与正当性的问题。不断变化的历史背景会改变辩论的性质。俄国革命过后,英法的革命必须重新评估,拿破仑因希特勒而被重新评估,美国内战在民权运动后被重新评估。此外,历史学家也身处于不断进行中的历史争论,因而也身处政治争论。虽然我学院里一位同窗很努力,但克里斯托弗·希尔和休·特雷弗-罗珀的历史解释是无法调和的,E. H. 卡尔和罗伯特·康奎斯特的解释同样如此。至于拿破仑,我们只需读读荷兰历史学家彼得·海尔（Pieter Geyl）1949年的研究:《拿破仑:支持与反对》(*Napoleon: For and Against*)。[85]

历史究竟属于谁? 历史与身份

历史是由胜利者书写的,此话不假。我们在档案中找到的文件都是由统治者、官僚政府、教会创建的。我们所读的历史通常不是出自经过同行评审的学者,就是出自职业作家,他们的文学才能为代理人和出版商所青睐,后者对市场有很大影响。这些学者或作家可能与当权者关系密切,为行使权力的人著书立传。对于这个神奇圈子之外的人，他们的命运则是被排挤、打压、排斥或消声。即便他们有过记录，也已散佚或被销毁；即便书写过自己的历史，也未获出版或已被驳斥。没有权力的人无从发声，又或者，他们的声音无人倾听。

然而，曾经被打败、被排斥的北美苏族人（Sioux people）有这么一句谚语："没有历史的民族就像草原上的风。"这句话意思是，一个民族，没有历史就没有身份。他们是谁、来自何处、想表达什么，人们都无从知晓。没有历史的群体不仅缺乏身份，也缺乏在这个世界上的主动权。面对当权者，他们无法提出自己的诉求，更遑论从对方手中夺权了。被排斥的群体或许能通过歌曲、叙事诗、萨迦、传说等形式的口述传统表达自己的声音，但他们只把这些故事讲给自己人，而不是其他人。

接下来，我们会探索一些长期被排斥和消声的工人、女性、性少数群体、黑人少数族裔群体的历史书写。他们都曾斗争过，以求界定自己的身份，根据这一身份发出自己的诉求。为此，他们曾不得不写书写自己的历史。这一过程明显经历了三个阶段。在第一阶段，工人、女性、性少数群体、黑人少数族裔群体中的一些人讲述自己的故事，通常是通过他们遭受苦难、斗争、被排斥的经历，来呈现同类人更广泛的群体经历，由此寻求自我的界定。在第二阶段，学术史学家发现这些故事，同时这些群体内部的一些活动人士也在学术界获得了职位。于是，工人史，女性史，被奴役者、移民、土著人的历史等新的历史学科应运而生。为了给这些历史腾出空间，使其获得与传统中、上阶层白人男性的历史同样的位置，大学也对课程设置做出相应修改。然而，这常常会引起强烈的反对，也即第三阶段，反对者称自己的历史可能会遭到排挤、打压与排斥。关键问题是，在不同群体竞相角逐的历史中，谁的历史将获胜或取得主导地位，而谁的历史将保持或逐渐被边缘化。

那么工人呢？如何逃脱来自"后世的极度蔑视"

城市产业工人阶级的存在是19世纪早期中产阶级职业人士"发现"的，也正是后者的资本家兄弟把这个阶级召唤进工厂工作，同时也带来了贫困、疾病、犯罪等社会难题，甚至暴动和叛乱。例如，詹姆斯·凯-沙特尔沃思（James Kay-Shuttleworth）在1832年发表了《曼彻斯特棉纺制造业中工人阶级的道德和身体状况》(*The Moral and Physical Condition of the Working Classes Employed in the Cotton Manufacture of Manchester*)，将爱尔兰裔占相当比重的工人群体比作"野人部落"。[86] 10年后，被身为德国制造商的父亲派到其在曼彻斯特索尔福德一个工厂的办公室工作的弗里德里希·恩格斯也观察了这个工人群体，但在遇到卡尔·马克思之后，他得出了更加令人警醒的结论："英格兰正在掀起一场社会战争"，以及"在宪章主义旗帜下起来反对资产阶级的是整个工人阶级"。[87]

慢慢地，有些工人开始书写自己的故事，突出他们在困境、贫穷、监狱中的斗争，并将其与工人阶级在残酷镇压下争取解放的故事联系起来。威廉·洛维特（William Lovett）的父亲是康沃尔的一位渔民，在他出生前就溺水身亡了，洛维特去伦敦当了打柜子的木工，成为伦敦工人协会（London Working Men's Association）的创始人之一。他协助起草了1838年《人民宪章》(*The People's Charter*)，为工人争取投票权，1840年因煽动性诽谤入狱。他在去世前一年即1876年出版《威廉·洛维特追求面包、知识、自由的一生与斗争》(*The Life and Struggles of William Lovett in His Pursuit of Bread, Knowledge and Freedom*),讲述了宪章运动的历史和他在当中的角色。

在法国,工人和革命者书写的历史因1871年巴黎公社革命爆发,更因其遭受的残酷镇压而发生了巨大转变。1876年,逃亡伦敦的普罗斯珀-奥利维尔·利萨加雷(Prosper-Olivier Lissagaray)在马克思的女儿埃莉诺·马克思(Eleanor Marx)的帮助下出版了第一部《公社史》(*History of the Commune*),埃莉诺是他的恋人,并在1886年将该书译成了英文。他对"资产阶级的愤怒"及其复仇军队大加嘲讽,据他计算,军队在1871年五月"流血周"杀害了2.5万名男女老少。[88] 参加蒙马特区公社的教师路易丝·米歇尔(Louise Michel)于1886年出版了回忆录,这些回忆录是对她情人泰奥菲勒·费雷(Théophile Ferré)的致敬。费雷因领导公社被枪决,他的临终遗言是:"我把我的记忆和复仇托付给未来。"[89] 这些故事塑造了法国人和(我们已经讨论过的)国际工人阶级的斗争史。

2.8 巴黎公社

巴黎公社是一个革命政府,在普法战争末期的1871年春季,它掌管了巴黎十周。3月18日,流亡波尔多的共和派"国防政府"与占领法国大部分地区的普鲁士人达成停战协议,试图解散整个冬季在普鲁士围攻中保卫巴黎的国民自卫队,此事引发了起义。3月22日,来自巴黎各区、革命社团、国民自卫队的代表选出公社,据此成立公共安全委员会。但革命措施实施的时间并不长。此时,迁往凡尔赛的国防政府派出军队镇压公社。公社成员处决了人质,但在交战过程中,凡尔赛军队杀害了大约1万名巴黎人,并在所谓的"流血周"(1871年5月21~28日)期间又对另外1万人实施了草率处决。巴黎公社(只能说部分是)工人阶级政府的性质启发了马克思、列宁、毛泽东,公社的殉道者则激励了法国及其他地方的社会主义和共产主义运动。

德国的工人阶级在一场日益强大的工会运动和一个严酷镇压社会主义的专制国家间左右为难。奥古斯特·倍倍尔(August Bebel)在1912年写下了《我的一生》(*My Life*),他当时所在的社会民主党是德意志帝国议会最大的党,但由于帝国宪法的专制和贵族性质,他们未能获得实权。

图2.6 1871年巴黎拉雪兹神父公墓的战斗,这张图来自《1870～1871年巴黎两次围困插画纪念集》
1871年的五月"流血周"宣告了巴黎公社的终结,在此期间,政府军对起义进行了残酷镇压,杀害、处决了数千名公社士兵。画中显示的是公社士兵在巴黎拉雪兹神父公墓里战斗的场景,这个场景以及公社士兵随后遭到的草率处决帮助构建了社会主义和共产主义运动的身份及正当性。

他在书中描述,自己小时候是个穷苦孤儿,后来当了木车工学徒,发动劳工运动,参与创建社民党,又因反对1870年的战争及保护巴黎公社记录而被监禁。他写道:"如果说公社的确实施了暴力行为,那么欧洲君主制政府的行径要比它厉害一百倍。"[90]

美国工人阶级的斗争往往是由欧洲移民推动的,也带有他们的印记。塞缪尔·龚帕斯(Samuel Gompers)出生于一个荷兰裔犹太人家庭,1863年,13岁的他随家人从伦敦东区移民到了纽约。"[19世纪]'70年代'早期,"他回忆道,"纽约看起来就像巴黎公社当政期间的巴黎。"和他听媒体报道的一样,这里充斥着欧洲各个国家的政治难民,经常发生劳工骚乱。他随父亲进入雪茄制造行业,参加了工会。1877年失业加剧,工资下降,他便参加了罢工。身无分文的他只能强行要求医生来给临产的妻子接生。他回忆说:"我们虽然没有胜利,但学到了为日后成功奠定基础的基本原理和技术。"[91]他后来成为美国行会和工会联盟(American Federation of Organized Trades and Labor Unions)的主席,成功推行了八小时工作制。

回到英国。威尔·索恩(Will Thorne)在《我战斗的一生》(*My Life's Battles*)中回忆他早年间在伯明翰的生活:父亲是个制砖工,在他7岁时便去世了,他在砖厂中辛苦做工,被粉尘"慢慢杀死"。接着他先去了一家弹药厂,又去了索特利煤气厂,后来一路走到伦敦,在旧肯特路煤气厂做锅炉工。他阅读社会主义方面的书,结识埃莉诺·马克思和爱德华·埃夫林(Edward Aveling),加入了社会民主联盟(Social Democratic Federation),并说过"善从恶中来"。他参与创立了"煤气工和普工联盟"(Union of Gas Workers and General Labourers),成为低技能工人新工联主义的一座灯塔。该工会1889年发起了罢工行动,他宣称这次罢工是"一次伟大的斗争,是英国工人阶级历史上最伟大的斗争之一"。[92]

记录工人阶级与雇主、与国家之间斗争的,不仅有讲述自己故事的劳工活动人士,也有劳工运动史学家,他们的视野更为开阔。这些史学家通常是中产阶级,但他们也是社会主义者,或是后来成了共产主义者,他们都赞同马克思的这一观点,即工人阶级是推动社会公正的力量。最早的劳工与社会主义史学家并不一定都是学者,而夫妻档历史学家的协同作用非常显著。后来,这些史学家里的学者越来越多,他们努力在传统的国王、王后、精英的历史之外,建立劳工史的学科地位。但通过"工人教育协会"(Workers' Educational Association)等组织,以及地方根基深厚的劳工期刊,劳工史仍能与劳工运动保持紧密的联系。

西德尼·韦伯（Sidney Webb）与比阿特丽斯·韦伯（Beatrice Webb）夫妇的历史生涯始于两人在费边社（Fabian Society）的经历，这是一个成立于1884年的社会主义知识分子组织。比阿特丽斯的父亲是商人，她在给表亲查尔斯·布斯（Charles Booth）的《伦敦人民的生活与劳动》（*Life and Labour of the People in London*）做调查期间发现，1889年罢工后就出现了工会。西德尼是在新设立的伦敦郡议会（London County Council）占多数的进步派，比阿特丽斯对他的评价是"他有历史感"。[93]为了了解工会，推动其正当化，两人在1894年出版了《工联主义的历史》（*The History of Trade Unionism*），将工会的斗争一直上溯到了17世纪。同时，由于捐助过费边社，他们也在1895年成为伦敦政治经济学院的创始人，该校后来成为经济社会史的研究重镇。

劳伦斯·哈蒙德（Lawrence Hammond）和芭芭拉·哈蒙德（Barbara Hammond）比韦伯夫妇小15岁，两人的父亲都是牧师，从牛津大学古典学专业毕业后开始撰写《乡村劳工》（*The Village Labourer*，1911），该书以1830年劳工起义为高潮。二人还写了《城镇劳工》（*The Town Labourer*，

1917），抨击产业雇佣劳动是"现代奴隶制"。比韦伯夫妇小30岁的G. D. H. 科尔（G. D. H. Cole）批评二人认为可以靠劳工组织拯救劳工思想目标，他在牛津大学进行学术深造的同时也是工党左派的领军人物。他在1913年出版的《劳工世界》（*The World of Labour*）不仅讨论了英国的工联主义，还谈及了一心谋划大罢工的法国工团主义。玛格丽特·波斯特盖特（Margaret Postgate）的兄弟雷蒙德·波斯特盖特（Raymond Postgate）在1916年出于道义原因拒服兵役而被监禁，此事令她转向了和平主义与社会主义。1918年她与科尔结婚，两人都支持1926年的英国大罢工，通过工人教育协会传播工联主义和社会主义的信条。科尔与雷蒙德合撰《普通人：1746～1938》（*The Common People, 1746-1938*），后来扩写到1946年，将普通人民追求自由平等的奋斗史置于英国历史的中心位置。

第二次世界大战后，英国共产党历史学家小组（Communist Party Historians' Group）的英国历史学家试图将工人阶级历史引入主流研究与教学。克里斯托弗·希尔会同埃里克·霍布斯鲍姆、E. P. 汤普森、拉斐尔·塞缪尔（Raphael Samuel），于1952年创办期刊《过去与现在》（*Past & Present*），将有关劳工、劳工运动、革命话题的国际研究汇于一刊。这四人中，霍布斯鲍姆曾在维也纳、柏林、剑桥求学，后来在伦敦大学伯贝克学院讲学；E. P. 汤普森的父母是循道会传教士，他本人任利兹大学讲师；拉斐尔·塞缪尔在牛津大学拉斯金学院为重返教育的劳动人民讲课。霍布斯鲍姆在1962年出版了《革命的年代：1789～1848》(*The Age of Revolution, 1789–1848*)，但影响最大的是E. P. 汤普森1963年的《英国工人阶级的形成》(*The Making of the English Working Class*)。这本书探索了阶级形成的复杂性以及激进思想文化在英国工人阶级中的铸就过程。他斥责大学和文学界统治历史写作的人道："我要把穷苦的织袜工、卢德派剪裁工、'过时'的手摇织机工、'乌托邦'手艺人，甚至迷信［德文郡预言家］乔安娜·索思科特（Joanna Southcott）的追随者，从后世的极度蔑视中解救出来。"[94]

在法国，社会主义历史学的先驱是学者兼政治家让·饶勒斯（Jean Jaurès）。他因为卡尔莫矿工大罢工的辩护而投身社会主义，翌年当选该地区的代表。他的《社会主义史·法国革命》(*A Socialist History of the French Revolution*) 第一卷于

1901～1904年问世。这本书沿袭了马克思的观点，认为法国大革命是资产阶级革命，但又认为大革命的《人权宣言》和革命民主后来为民主社会主义者用于工人阶级的解放。1969年，共产党历史学家阿尔贝·索布尔（Albert Soboul）出了该书的新版本，他曾在1958年也出版了《共和二年巴黎的无套裤汉》（*The Paris Sans-Culottes of the Year II*）。长期以来，社会主义和共产主义历史学家都把关注点放在了法国大革命上，而不是后来的发展。欧内斯特·拉布鲁斯（Ernest Labrousse）从1947年起担任索邦大学的经济社会史教授，他在1932和1943年撰写了论述法国大革命经济根源的论文。然而，1960年发生了一个重要转变。那一年，热心劳工运动的教师、法国社会史研究所（French Institute of Social History）的让·迈特龙（Jean Maitron）创办了《社会运动》（*Le Mouvement Social*）期刊，汇集了一众研究19世纪劳工的年轻的共产主义或社会主义历史学家。其中一位是拉布鲁斯的学生米歇尔·佩罗（Michelle Perrot），后者于1972年发表了论文《工人罢工：1871～1890》（"Workers on Strike, 1871–1890"）。

在德意志联邦共和国，由汉斯-乌尔里希·韦勒（Hans-Ulrich Wehler）和于尔根·科茨卡（Jürgen Kocka）领衔的比勒费尔德（Bielefeld）历史学派虽然并不专门研究工人阶级，但也分析社会结构和发展。相比之下，德意志民主共和国则把劳工运动史和共产主义史当成创始神话展开深入研究。1966年，统一社会党中央委员会马列主义学院［The Marxist-Leninist Institute of the Central Committee of the Socialist Unity（Communist）Party］出版了《德国工人阶级的历史》(*History of the German Working Class*)，当年举办的国际劳工史大会（International Conference of Labour History）也为东西方劳工史学家提供了对话的机会。该会议第一届于1964年在林茨召开。

劳工史在20世纪60和70年代初迎来高峰期。英国1967年成立了东北部劳工史学会，三年后苏格兰和威尔士的劳工史学会也分别成立。但自那以后，劳工史逐渐失去其光辉地位。一百多年来，有组织的劳工运动和马克思主义历史分析一直高举着劳工史的旗帜。但从20世纪70年代末开始，在全球金融资本和新自由主义及其对自由市场、私有化、"灵活"劳动力的推动下，劳工组织走向了四分五裂。1984～1985年英国矿工大罢工和去工业化的失败使工会黯然失色。1989年后，英国人逐渐丧失了对马克思主义思想解释力的信心，马克思主义的地位在英国进一步发生了动摇。1978年，霍布斯鲍姆在纪念马克思的演讲《劳工的前进步伐停止了吗？》("The Forward March of Labour Halted?")中感叹，这场前进已经结束，1994年的《极端的年代：1914～1991》(*Age of Extremes: The Short Twentieth Century, 1914–1991*)也以苏联解体结束了他对这段历史的书写。

阶级强调的是男性雇佣劳动，但如今它已不再是许多历史学家进行分析的基本范畴，而被一种更具流动性的"自下而上的历史"所取代。这种历史将所有被边缘化的群体囊括在内，比如女性。这一期间，英国的拉斐尔·塞缪尔在牛津大学发起"历史工作坊运动"(History Workshop Movement)，并于1976年创立了《历史工作坊杂志》(*History Workshop Journal*)；在法国，米歇尔·德塞尔托(Michel de Certeau)1984年出版了《日常生活的实践》(*The Practice of Everyday Life*)；在德国柏林，多个历史研讨会成立，阿尔夫·吕特克(Alf Lüdtke)在1995年出版了《日常生活的历史》(*History of Everyday Life*)。此外也出现了更偏重文化面向的历史研究,削弱了马克思主义把经济因素视作历史驱动力的观点。加雷斯·斯特德曼·琼斯(Gareth Stedman Jones)的书《阶级的语言》(*Languages of Class*,1983)中"重新思考宪章运动"("Rethinking Chartism")一篇很有开创性,文章认为宪章主义思想不仅反映了工人阶级在经济上的不满,其背后更是一个可上溯至17世纪的悠久的激进思想传统。赛丽娜·托德(Selina Todd)2014年出版的《人民:工人阶级的兴衰,1910～2010》(*The People: The Rise and Fall of the Working Class, 1910–2010*)认为"人民"成了比阶级更具吸引力的范畴。

女性与性别:她们手中的笔

"要论讲自己的故事,比起我们,男人已经享受了太多优势,"简·奥斯丁(Jane Austen)的小说《劝导》(*Persuasion*)的女主人公安妮·艾略特(Anne Elliott)如是说,"他们受的教育比我们高得多,笔握在他们手里。"[95]女性不仅书写的机会少得多,即使她们完成了书写,通常也会隐藏自己的身份,以免因闯入不属于她们的公共领域而受到批评。简·奥斯丁没有给自己的小说署名，只是以"一位女士"（A Lady）自称。别的19世纪女性作家则用了男性名字：玛丽·安·埃文斯（Mary Ann Evans）自称乔治·艾略特（George Eliot），而阿芒蒂娜·奥罗尔·露西尔·迪潘（Amantine Aurore Lucile Dupin）则化名乔治·桑（George Sand）。我们在上一部分认识的巴黎公社女英雄路易丝·米歇尔坦言，她并不想写回忆录："谈自己让我感到厌恶，就像别人窥见我在公开场合脱衣那种感觉。"幸运的是，她最终还是写了，并言简意赅地宣称："两性平等如果被承认，这将会狠狠打破人类的愚蠢。"[96]

无论作为革命者还是一名女性，路易丝·米歇尔的身份都打破了人类的愚蠢。其他人通过女权斗争走向了革命，并积极通过引证历史将自己的索求正当化。女性参政论者领袖埃米琳·潘克赫斯特（Emmeline Pankhurst）最早的记忆是为美国新解放的奴隶筹款。她向议会请愿的"妇女选举权"（Votes for Women）运动始于1906年，谴责政府为阻止她们而恢复了查理二世时一项反对"骚乱请愿"的法律。她宣称拥有"请愿权这项由《权利法案》向人民确保、为世世代代英国人所珍视的这一古老的宪法权利"。在1910年11月18日

图2.7 1914年伦敦街头,一名女性参政论者被捕
为权利而斗争的女性需要书写她们自己的历史,从而捍卫她们的主张。

"黑色星期五"警察对女性动用暴力后,她宣布这是一场"女性革命"。"如果男性为他们的自由而斗争是正确的,天知道男性如果没这么干人类今天会是什么样子,那么女性为她们的自由、为她们生育的孩子的自由而斗争也是正确的。"[97]

为女性解放事业而奋斗的女权主义者为了让自己的主张正当化,经常将历史追溯到更早的时代。这种分析方法大多源自恩格斯的《家庭、私有制和国家的起源》(*Origins of the Family, Private Property and the State*, 1884)。这本书假定"野蛮"社会是母系社会,但"文明"社会中私有财产的发明带来了专偶制,这样一来,父亲才能确保即将继承其财产的男性是他的子嗣。西蒙娜·德·波伏娃(Simone de Beauvoir)在《第二性》(*The Second Sex*, 1949)中使用了这一论点,该书成了20世纪六七十年代第二波女权主义运动的"圣经"。她认同崇拜地母的游牧社会是母系社会,但女性因"私有财产的出现被废黜了",且女性自己也沦为了私有财产,像牛或奴隶一样被买卖。[98] 第二波女权主义者中还有朱丽叶·米切尔(Juliet Mitchell),她是一位年轻的大学英语教师和新左派,她1966年写的文章《妇女:最漫长的革命》(*Women: The Longest Revolution*, 后来作为书出版)借鉴了恩格斯和波伏娃的分析,要求不仅要保证女性平等工作权和受教育权,还要用包括同性伴侣在内的更为多样化的"跨性别和跨代际关系"取代专偶制家庭。[99]

美国女权主义者使用了较短时间框架的历史论点。贝蒂·弗里丹(Betty Friedan)在《女性的奥秘》(*The Feminine Mystique*，1963)中回应了她眼中战后女性退守家庭、孤苦地希望成为贤妻良母的现象。美国女性在1919年获得了选举权，但她遗憾地说，这让"女权主义对1920年以后出生的女性而言已经是死去的历史了"。自己并非历史学家的她借鉴了埃莉诺·弗莱克斯纳（Eleanor Flexner）1959年的《斗争的世纪》(*Century of Struggle*)，该书表明，许多美国早期的女性参政论者曾为废奴运动而奔走，但后来发现选举权（在理论上）给了被解放的奴隶，却没给她们。她们斗争的奠基性时刻是1848年在纽约州塞内卡福尔斯召开的妇女大会，该大会基于修改版的《独立宣言》提出了历史性的要求："我们认为这些真理是不言而喻的：男人以及女人，人人生而平等。"弗里丹认为弗莱克斯纳的书"应该成为每个被美国大学录取的女孩的必读书"。[100]

1968年的欧美学生运动虽然未能取得政治上的成功（至少在短期内没有），但它们推翻了旧神，为全球范围内的新思想开辟了道路，在意识形态和文化上产生了巨大影响。剧变中涌来了第二波女权主义、男女同性恋解放运动，以及后来的跨性别者解放运动。每一场运动都在追溯自己的历史,为的是汲取前人思想,在面对想让他们噤声的人时宣示自己的正当立场。这些历史通常由活动人士自己撰写,其中一些人通过取得大学教职、组织会议、出版期刊巩固了自己的正当性。

在美国,伯克夏女性历史学家会议(Berkshire Conference of Women Historians)于1973年在罗格斯大学道格拉斯学院召开了第一届会议,并于1974年出版了名为《克里奥的意识觉醒》(*Clio's Consciousness Raised*)的会议纪要。[101]会议的组织者之一,洛伊丝·班纳(Lois Banner)后来出版了《现代美国女性简史》(*Women in Modern America: A Brief History*),旨在"关注那些坚定、机智的女性在争取权利的路上进行的波澜壮阔而又从未放弃的斗争"。[102]该书定期更新,是美国大学中大量涌现的女性研究院系的指定教材。女权主义者、社会学家艾丽丝·罗西(Alice Rossi)1973年出版了《女权主义者文集》(*The Feminist Papers*),该书标题与美国国父的《联邦党人文集》(*Federalist Papers*)相呼应,囊括了从阿比盖尔·亚当斯①到西蒙

---

① 阿比盖尔·亚当斯(Abigal Adams):政界人物、女权运动先驱、书简作家,美国第二任总统约翰·亚当斯的夫人。

娜·德·波伏娃等一众作者,旨在展示"美国历史上所有志同道合的我的女性前辈的作品"。[103]

在英国,曾密切参与1968年学生抗议的希拉·罗博特姆(Sheila Rowbotham)从1969年4月起就参加了塔夫内尔公园女性解放(Tufnell Park Women's Liberation)意识提升小组。毕业于牛津大学历史系、在工人教育协会授课的她在小组里做了关于巴黎公社中女性角色的报告。为追溯女性社会主义和女权主义的根源,她对"[女性]思想的历史阐述产生了兴趣"。[104]在牛津大学拉斯金学院举行的第一届女性解放大会(Women's Liberation Conference)上,她第二次就女性和1848年法国革命做了报告。两年后,她出版了《女性、反抗、革命》(*Women, Resistance and Revolution*)一书,标志着"纠正革命历史故事中遗留的男性偏见迈出的第一步"。[105] 简·伦德尔(Jane Rendall)是约克大学一位研究苏格兰启蒙运动的年轻讲师,在参加完美国伯克夏女性历史学家会议后,她下决心要教授女性历史。1985年,她出版了《现代女权主义的起源:英国、法国、美国的女性》(*The Origins of Modern Feminism: Women in Britain, France and the United States*)。

法国的女权运动也在1968年后快速兴起。但女性研究在大学里用了相当一段时间才站住脚跟。在这个人人平等皆为公民的共和国，女性史却被学界认为不具有独立的学科地位。《第二性》出版时，米歇尔·佩罗还是学生，她想研究女性史，但她索邦大学的导师埃内斯特·拉布鲁斯说这不可能，她因此转而研究劳工运动。然而，1968年的事件激发了她的热情，她在巴黎第七大学找到了一份教职，并于1973年参与组织了一个女性历史研究小组，从"女性有历史吗？"这一问题入手探讨女性问题。[106] 1986年，她与一群女性历史学家在权威的《年鉴》(*Annales*)期刊上联合发表了一篇文章，分析女性历史研究在法国依然难以立足的原因。[107]她最终与研究中世纪历史的顶尖学者乔治·杜比(Georges Duby)联手，共同编辑了五卷本的《西方女性史》(*History of Women in the West*)。与此同时，那些曾在1968年积极活动并引领法国女权运动的女性，如今开始把女性史和女权主义史作为其事业的根基来书写。安妮特·莱维-威拉德(Annette Lévy-Willard)成为《解放报》(*Libération*)记者，翻译并出版了她的精神导师、犹太裔美国无政府主义者、女权主义者艾玛·戈德曼（Emma Goldman）的《过我自己的一生》(*Living My Life*)。[108] 弗朗索瓦丝·皮克（Françoise Picq）1969年就任新成立的巴黎第九大学的讲师，于1993年出版了《女性解放：抗议的年代》(*Women's Liberation: The Protest Years*)。[109]

很快，女权运动在异性恋问题上分成了两派。希拉·罗博特姆和弗朗索瓦丝·皮克等女权主义者与男性关系密切，而莫尼克·维蒂格（Monique Wittig）等人则认为异性恋是一种政治体制，女权主义激进派必须选择女同性恋主义。她们主张，现在必须书写女同性恋史，反对恋男性向，认为恋男性向是对未婚女性的支配和贬低。希拉·杰弗里斯（Sheila Jeffreys）曾参加伦敦的"女性反对针对女性的暴力"（Women against Violence against Women）小组，她在《纺线女①与她的敌人》(*The Spinster and Her Enemies*) 中梳理了

---

① 纺线女：spinster，源自中世纪，本意是"从事纺线的女性"，当时女性工作机会很少，纺线为其一，成了许多未婚或不婚女性的选择。17～20世纪初，spinster成为指称地位处于英格兰子爵之女以下所有未婚女性的法律术语，18世纪早期时泛指过了一般婚龄的未婚女性。《牛津高阶英语词典》（第10版）将这个单词汉译为"老处女""老姑娘"，还原出了spinster在英语文化中的歧视涵义。

1880~1930年的历史,希望"建立一个这样的世界:人们认为女性恋女是一种积极的选择,不再污名化纺线女和女同性恋,讨论性的可能时也不再特别强调性交和异性恋"。[110]

同样在1968年的余波中,纽约格林尼治村的一家同性恋酒吧遭到警方突袭,激起同性恋活动人士为自身权利而斗争的"石墙暴动"(Stonewall Riots),一连持续了四天。1969、1970年,"男同性恋解放阵线"(Gay Liberation Front)分别在美国和英国成立,法国的成立于1971年,名叫"同性恋革命行动阵线"(Homosexual Revolutionary Action Front),三个组织共同突显了对同性恋的压迫史,助推了他们争取解放的运动。杰弗里·威克斯(Jeffrey Weeks)是英国"阵线"的一员,也是伦敦政治经济学院的研究员,他于1977年出版了《出柜》(*Coming Out*),讲述了19、20世纪的同性恋政治史。[111]法国男同性恋活动人士让·勒·比图(Jean Le Bitoux)后来写了一部自传色彩更浓的个人出柜史:他从小在资产阶级家庭的压抑中长大,把身为海军军官的父亲比作1942年将同性恋行为定为犯罪的维希政府部长达尔朗上将(Admiral Darlan)。[112]

从20世纪80年代末开始,以女性史作为其生活经验的社会史逐渐让位于性别史。1985年,布朗大学彭布罗克女性教研中心(Pembroke Center for Teaching and Research on Women)创办人兼主任琼·沃勒克·斯科特(Joan Wallach Scott)在美国历史学会(American Historical Association)发表了题为《性别:一个有用的历史分析范畴》("Gender: a useful category of historical analysis")的演讲。[113]她编辑的文集《女权主义与历史》(*Feminism and History*, 1996)为这一话题提供了历史上的例证,指出,"这些身份随时间推移、在不同社会中都会有所不同,甚至同一位女性的身份在不同的情境下也会变化"[114]。1990年,美国哲学家朱迪斯·巴特勒(Judith Butler)出版《性别麻烦》(*Gender Trouble*),开辟了另一片疆域。这本书解释说,住在东海岸的她"去了许多会议、酒吧、游行,见了许多种性别,理解了我自己正处于这其中的一些十字路口,也遇见了性向的几种前沿的表述"[115]。

这些干预突破了以女性为边界的历史书写,为女权主义史、男性气质史、男女同性恋史与跨性别史、酷儿史打开了学术绿灯。人们如今明白,不能再将女权主义视为铁板一块,而应根据历史、地理、阶级、宗教、种族等多种情景具体分析。伦敦南岸大学的社会学家海迪·萨菲亚·米尔扎(Heidi Safia Mirza)批评了"帝国女权主义"及其"宰制的计划",并创立了"英国黑人女权主义"(Black British Feminism)研究。[116] 1991年,约翰·托什(John Tosh)与迈克尔·罗珀(Michael Roper)合编了《男人气概宣言:1800年以来的英国男性气质》(*Manful Assertions: Masculinities in Britain Since 1800*)。1992年《男性研究杂志》(*The Journal of Men's Studies*)创刊,1999年《男性与男性气质》(*Men and Masculinities*)杂志创刊。"男性气质危机"是20世纪90年代一个反复出现的主题,对它的解读通常从历史角度出发,将其视作对女性要求平等的回应,精神病学家安东尼·克莱尔(Anthony Clare)的《论男人:男性气质告危》(*On Men: Masculinity in Crisis*, 2000)让这一话题变得更加流行。苏珊·斯特赖克(Susan Stryker)是伯克利大学攻读历史学博士学位的跨性别女性,她立志要摧毁"这个无情地按照生物学分类标准对所有人进行归类,并认为某些生命更值得或更不值得存在的体系"。她对跨性别历史进行溯源，从1991年起为洛杉矶的"男女同性恋史协会"（Gay and Lesbian History Society）工作——该协会于1999年更名为"男女同性恋、双性恋、跨性别史协会"（Gay, Lesbian, Bisexual and Transgender History Society），并于2017年出版《跨性别历史：当今革命的起源》（*Transgender History: The Roots of Today's Revolution*）。[117] 置身于这场斗争中的还有跨性别男性莱斯利·费恩伯格（Leslie Finberg），他出版了《跨性别勇士》（*Transgender Warriors*），该书既是一部坦诚的个人历史，也是一部跨性别者的历史。他的这部历史要为那些"捍卫性别自由"提供合法性——即"每个个体都有权利以他们选择的任何方式表达其性别，无论是女性、兼男女性、男性，还是介于二者之间的任何一点"[118]。

上述激进主义与历史书写并不乏反对意见。所谓的"性别理论"或"性别意识形态"受到了世界各地保守派的批评，它们被描绘为是对传统家庭的威胁，这种家庭建立在一男一女的婚姻制度，及以出生时确定的性别为准的基础之上。有时，它们也会被与限制女性生育权、不保护性暴力下的女性等反女权主义行为挂钩。此外，在历史写作上，性少数群体的历史或酷儿历史有时会让女权主义学者与酷儿学者势不两立。例如，2021年，苏塞克斯大学女权主义哲学教授凯瑟琳·斯托克（Kathleen Stock）不堪承受来自于支持跨性别者的学生的压力而辞职。女权主义历史与酷儿或跨性别历史之间的斗争卷入了更广泛的文化战争中，并被那些抵制任何偏离性别"常态"的人当成了自己的武器。

黑人和原住民的历史也是历史

"或许，将来也会有非洲历史的教学内容，"牛津大学近代史钦定讲席教授休·特雷弗-罗珀在1963年的一次BBC演讲中说道："但目前还没有：有的只是在非洲的欧洲人的历史。其余都是一片黑暗，就像欧洲人和哥伦布到来之前的非洲历史一样。而黑暗并没有成为历史的研究对象。"[119]

这一言论发表的时间虽然晚得出乎意料，但仍然体现了长期以来占主导地位的一种观点，即历史是由"发现"并殖民世界，将基督教、繁荣、"文明"带给蒙昧民族的欧洲白人创造的。这种观点把历史的起点定在了1492年哥伦布登陆巴哈马、

1620年朝圣先辈①登陆马萨诸塞州普利茅斯、1788年第一舰队②登陆悉尼,从而压制了美洲和澳大拉西亚土著人的声音。随之发生的,是土著人被赶出自家土地,常常被武装定居者屠杀,奴隶则遭到残暴对待。

然而,被压迫人民仍然能时不时找到一种声音,来讲述自己的故事。威廉·阿佩斯(William Apess)是佩科特族印第安人(Pequot Indian),他的部落在马萨诸塞州的土地被抢走,整个部落也因朗姆酒成瘾而瓦解。他本人染上了"恶习",又在一家定居者的庇护下信了基督教,做过工也当过兵,从无定业。在《森林之子》(*A Son of the Forest*,1831)中,他不仅讲述了自己的故事,还讲述了他族人的故事,特别是1637年定居的民兵对佩科特人的屠杀事件。[120] 14年后,逃跑的奴隶弗雷德里克·道格拉斯(Frederick Douglass)也发表了自己的人生故事。他被奴隶主从父母身边带走,亲眼看着他的小姨被一个监工"极其野

---

① 朝圣先辈:指1620年乘"五月花号"(*Mayflower*)船抵达北美大陆的英格兰定居者。
② 第一舰队:1788年英国派出的历史上首次登陆澳大利亚的殖民舰队,由2艘海军护卫舰、6艘罪犯运输船、3艘补给舰组成。

蛮"地鞭打,还看到一个渡河逃跑的奴隶被另一个监工开枪打死,"河水里尽是血和脑浆的痕迹"。道格拉斯于1830年成功逃往纽约,在那里开始了新生活,他是废奴主义报纸《解放者》(*The Liberator*)的读者,并成为反奴隶制运动的宣传人士。[121] 1865年蓄奴制被废除,但奴隶,尤其是女性奴隶的失声状态并未终结。安娜·朱莉娅·库珀(Anna Julia Cooper)1858年出生于北卡罗来纳州一个奴隶家庭,她进入俄亥俄州的欧柏林学院,在华盛顿唯一的黑人高中任教。她在1892年出版的《来自南方的声音》(*A Voice from the South*)中表示,从来没有听见过"黑人女性发声",并认为"一个种族的优越性……在这片由如此众多且坚韧的种族奋力拼搏、共同维系的大陆上,终究不会占上风"[122]。

黑人群体中还有一部分是为了追求自由、改善生活质量而移民的人。克劳迪娅·琼斯(Claudia Jones)1915年出生于特立尼达,她从未写过一部完整的自传,但她的采访和新闻报道都保留了下来。她8岁时全家移民到纽约,但她是在哈莱姆区穷苦的生活中长大的,"很早就体会到了歧视黑奴的'吉姆·克劳'全国法案造成的痛苦和愤怒"。

1931年，亚拉巴马州斯科茨伯勒9名黑人少年因据称强奸2名白人女孩被判死刑，这起冤案令她极度震惊，促使她加入了反对这些判决的美国共产党。[123]在麦卡锡反共时代，她屡次被捕，最终在1955年被驱逐出境。她乘船前往英国，加入了"二战"后应邀重建英国的英属加勒比地区"疾风世代"（Windrush generation）移民团体。她告诉伦敦的一家报纸说："我是被美国驱逐出来的，身为黑人女性、西印度群岛裔的共产主义者，我是他们的眼中钉，因为我反对'吉姆·克劳法'对美国1600万黑人的种族歧视。"[124]琼斯与英国的加勒比社区合作，在1959年发起了抗议种族主义暴乱的诺丁山狂欢节①大游行，并告诉西印度群岛人，他们需要深入发掘自己的历史，不是"盎格鲁-撒克逊征服史、沃尔特·雷利爵士探险史②、英国皇室

---

① 诺丁山狂欢节：1958年8～9月，英国诺丁山地区爆发了一系列攻击加勒比"疾风世代"黑人移民的种族主义暴乱，为应对此次暴乱事件，反对种族歧视，增强移民的文化认同，1959年1月底琼斯与加勒比社区发起了"加勒比狂欢节"，后来演变为诺丁山狂欢节。
② 沃尔特·雷利爵士（Sir Walter Raleigh）：1552～1618，英国著名探险家，曾为美洲殖民地取名"弗吉尼亚"（Virginia），用以称颂"童贞女王"（Virgin Queen）伊丽莎白一世。

功绩史",而是1865年牙买加"莫兰特湾反奴隶制起义①"这样的历史。[125]

土著民族的声音在很长时间之后才被听见。美国、加拿大、澳大利亚的土著被驱逐和屠杀后,为了把他们的孩子与占主导地位的白种人进行同化,土著儿童从19世纪晚期开始就被迫与家人分开,并被送往寄宿学校。查尔斯·帕金斯(Charles Perkins),母亲是澳大利亚原住民,父亲是爱尔兰人,他自称是"正宗的丛林杂种"。1945年,9岁或10岁的他被从爱丽斯泉外一个原住民点②带走,送到阿德莱德的一所残酷的寄宿学校。"混血的原住民毫无地位,什么都算不上,"他回忆道,"他们夺走了我们的原住民遗产,让我们在社会中漂泊。"[126]足球救了他,他1959年开始接受埃弗顿足球俱乐部试训;学习也救了他,他25岁进入了悉尼大学。他参加了"联邦澳大利亚原住民与托雷斯海峡岛民进步委员会"(Federal Council for the Advancement of Aborigines and

---

① 莫兰特湾反奴隶制起义:1865年10月,数百名黑人在牙买加东部莫兰特湾拒绝英国殖民统治和其遭受的严重不公正待遇。
② 原住民点(Aboriginal station):殖民者为了管控澳大利亚原住民专门设立的隔离点。

Torres Strait Islanders)的活动，并在堪培拉的"澳大利亚原住民事务部"（Department of Aboriginal Affairs）任职，为澳大利亚原住民的民权、土地权、受教育权进行斗争，后又因斗争过于激进被停职。他希望建立起"澳大利亚原住民中的民族意识"，并反思道，"将（医疗、住房）物质进步与文化平衡、文化认同结合起来，尊严是这一切的本质"[127]。

要真正被听到，黑人和土著就必须书写自己的历史，界定他们的身份，提出自身正当性主张。黑人历史或黑人研究，以及后来的土著研究，需要成为一门正式的学科，且这门学科必须挑战白人历史在课程中的中心地位。卡特·戈德温·伍德森（Carter Godwin Woodson）的父亲曾被奴役，他本人也曾是西弗吉尼亚州的矿工，后来成为第二位获得哈佛博士学位的非裔美国人。他在1915年出版了《1861年之前黑人的教育》(*The Education of the Negro Prior to 1861*)，创立"黑人生活与历史研究协会"（Association for the Study of Negro Life and History），该协会出版了《黑人历史杂志》(*Journal of Negro History*)。"如果你无法向世界证明你是有记录的，"他在1921年说，"世界就会告诉你,'你没资格享受民主的福祉或其他任何东西。'他们会问你,'你到底是谁?'"[128] 伍德森教授黑人历史,他执教过的学校包括美国重建时期实行种族隔离制度的黑人学校、华盛顿的霍华德大学、西弗吉尼亚州立大学。然而,主流历史仍由哈佛大学的塞缪尔·艾略特·莫里森(Samuel Eliot Morison)和纽约大学的亨利·斯蒂尔·科马杰(Henry Steele Commager)这类历史学家定义,二人所编的教科书《美利坚合众国的成长》(*Growth of the American Republic*,1930年首版)与乌尔里希·邦奈尔·菲利普斯的看法如出一辙,认为奴隶制实际上开化了非裔美国人:

> 大多数奴隶显然是幸福的。奴隶制是一种从野蛮到文明的过渡状态,有很多可取之处。黑人学习了主人的语言,接受了他一定的道德和宗教标准。作为回报,黑人除了劳动之外,也为美国文明做出诸多贡献,例如音乐和幽默。[129]

在民权运动时代,一些往往因自己是犹太移民或共产主义者而被边缘化的白人历史学家,也通过撰写奴隶制和民权运动的学术作品做出了贡献。霍华德·津恩（Howard Zinn）参与了"学生非暴力协调委员会"（Student Nonviolent Coordinating Committee，简称SNCC）的活动，他在1963年因遭指控鼓动学生而被亚特兰大的斯佩尔曼学院解除了教授职位。次年，他出版了《学生非暴力协调委员会：新废奴主义者》（*SNCC: The New Abolitionists*）。同样参与民权运动的哈佛·西特科夫（Harvard Sitkoff）在1978年著《黑人新政》（*A New Deal for Blacks*）。非裔美国历史学家继续了这场接力，将黑人历史纳入非裔美国人历史的领域，把他们的根源追溯到非洲文明时期。佐治亚州的民权运动人士亚瑟·李·史密斯（Arthur Lee Smith）在1972年去过加纳后，将自己的英语"奴隶"名改成了加纳语的Molefi Kete Asante（音：莫莱菲·凯泰·阿桑泰）。他在1987年写了《以非洲为中心的思想》（*The Afrocentric Idea*），并于1988年在费城天普大学（Temple University）创设非裔美国人研究（African American Studies）的博士学位。[130] 不久后，波士顿大学的历史学家将葡萄牙和荷兰的奴隶贸易回溯至16、17世纪中非的刚果（Kongo）和恩东果（Ndongo）王国。[131]琳达·海伍德（Linda Heywood）为17世纪恩东果王国（位于今安哥拉）的战斗女王恩津加撰写了备受赞誉的《恩津加传》（*Njinga*），将她与女王伊丽莎白一世和叶卡捷琳娜大帝相提并论，认为她的统治是"殖民抵抗史上的一个重要篇章"。[132]

与此同时，英国的黑人历史和黑人研究也渗透到了学术领域，但并非直接通过历史，而是通过文化研究。牙买加出生的斯图尔特·霍尔（Stuart Hall）1951年获得牛津大学罗德奖学金，但导师"什么时候回去"的发问却令他感到不安。后来在伦敦南区一所中学教书时，他像克劳迪娅·琼斯一样被1958年的种族主义暴乱所震惊，遂加入了新左派。作为伯明翰大学当代文化研究中心的讲师，他在阶级之外又增加了性别和种族透镜。他认为，"如果不考虑殖民史和帝国史，那加勒比人在大西洋两岸都无法被理解"。但这种分析撞上了一堵"以帝国学者最为甚的怀疑与不解之墙"，他们仍然称大英帝国带来的是和平、繁荣、文明。[133] 1964年嫁给他的凯瑟琳·霍尔最初是一位女权主义历史学家，2009～2012年在伦敦大学学院主持研究项目《英国蓄奴制的遗留问题》

(*Legacies of British Slave-ownership*),展示了奴隶种植园产生的财富何以促成了17、18世纪英国统治阶级的霸权。[134]

在澳大利亚,研究原住民历史的学者等了更长时间才取得研究职位,得以书写自己的历史。马西娅·兰顿(Marcia Langton)是首位取得人类学学位的澳大利亚原住民,1995年成为北领地大学(Northern Territory University)的"澳大利亚原住民与托雷斯海峡岛民研究"教授。她抱怨道,小时候,历史课对她而言是一种"可怕的负担,因为……我学到的是,像我这种人是被仇视的,所有和我们有关的故事全都证明我们有极端暴力倾向,非常野蛮,生来就喜欢偷盗"。她与电影制片人、查尔斯·帕金斯的女儿蕾切尔·帕金斯(Rachel Perkins)合作,于2008年制作播出电视剧《最初的澳大利亚人》(*First Australians*),并出版同名配套书籍,为澳大利亚原住民找回了老查理30年前便开始寻找的身份、尊严与历史。[135]

无论是土著、移民,还是被奴役者的后代,黑人社群及其史学家纷纷向殖民历史发起挑战,但遭到了一直占统治地位的白人国家历史捍卫者的反对,甚至是强烈反击。围绕着民族身份以及历史在塑造这一身份中的作用，一场斗争展开了。历史究竟属于谁？是那些经营国家和帝国的白人，还是希望在国家叙事中有一席之地的黑人？这些斗争处在"文化战"的前沿，并在20世纪90年代中期变得尤为激烈。

在澳大利亚和加拿大，争论的焦点是定居者对土著人的屠杀以及"被偷走的一代"，那一代土著儿童被强行从家中带走，送往寄宿学校，这些学校如今被曝出存在暴力和性虐待。加拿大和澳大利亚的调查委员会分别在1996、1997年通报了寄宿学校的调查结果。加拿大的报告称之为"民族之罪"，澳大利亚的报告将其比作种族灭绝，这一说法在1994年卢旺达种族灭绝、1992~1995年波斯尼亚种族灭绝发生后成为高频词。但在1996年，澳大利亚总理、自由党党魁约翰·霍华德（John Howard）驳斥了他所称的"澳大利亚的黑臂章史观"[1]，并说道："我认为澳大利亚历史这笔总账是非常慷慨善意的。"2008年，这一情况发生了变化。工党总理陆克文（Kevin Rudd）就对原住民社

---

[1] 黑臂章史观：该史观认为，澳大利亚前多元文化时期的大部分历史都是可耻的，特别是土著受到不公正待遇的历史。

群造成的痛苦发表正式道歉，希望"消除这个国家灵魂上的巨大污点，并以真正的和解精神，为澳大利亚这片伟大的土地开启历史的新篇章"[136]。

美国的情况则更加不容乐观。哥伦布"发现"美洲500周年引发了巨大争议——这到底是民族自豪的源头，还是民族耻辱的开端？1994年，《全美中小学历史课程标准》(*National History Standards*)公布了将多元文化主义引入中小学教材的计划，保守派谴责这是对美国历史的"杂交"或"劫持"，损害了人们对美国独立战争和美国民主的自豪感。2019年，《纽约时报》(*New York Times*)记者妮可·汉娜-琼斯（Nikole Hannah-Jones）发起"1619计划"(*The 1619 Project*)，说服报社推出特别刊号、播客，甚至课程，纪念历史上第一艘奴隶船在1619年登陆弗吉尼亚州詹姆斯敦400周年，它比"五月花号"登陆还早一年，这样会"将蓄奴制和美国黑人的贡献从美国历史的边缘放回他们真正所属的中心位置"。[137] 这一行动要把蓄奴制深深刻进美利坚民族的创始神话里，势头非常强劲，激起了该神话捍卫者的愤怒回应。《联邦党人报》(*The Federalist*)发起了一项对立的1620计划，纪念"五月花号"抵达普利茅斯岩和清教徒把美国视作

"闪耀的山巅之城"的愿景，1989年罗纳德·里根的告别演说也对此予以肯定。另外，唐纳德·特朗普也成立了以推广"爱国教育"为目的的"1776委员会"，并告诫说："如果不对这种扭曲的观点加以发现、挑战、纠正，就会削弱甚至最终消除维系着我们国家和文化的纽带。"[138]

2.9 时间为什么重要？

历史专业的学生不爱记时间，亨利·福特就曾将历史形容为"一件接一件的破事"。但没有时间顺序，历史学家就无法讲述历史故事，而故事都是围绕起源、转折、结局展开的。不记时间，他们也就无法对历史事件的原因或后果做出可靠的分析。不过，历史时间可能带有政治色彩，将叙述或分析彻底颠覆。对一些人来说，1492年代表哥伦布发现新大陆，对另一些人来说，它则是殖民和生态破坏的开端。以1620年为起点的历史会着重描绘朝圣先辈和美洲殖民地的建立，而以1619年为起点的历史则会突出运奴船的到来和蓄奴制在美国历史中的作用。时间也会制造分歧。对新教徒来说，1688年意味着光荣革命，而对天主教徒来说则意味着他们又遭到了一次镇压。同样是1945年5月8日，在欧洲便意味着第二次世界大战的结束，但在阿尔及利亚，它意味着殖民战争的开始。

2007年，英国的政界人士积极庆祝了废除奴隶贸易200周年，对从蓄奴制获得的丰厚利润却闭口不提，而那些为2016年退出欧盟而奔走的人则声称，经过几十年的低迷发展，脱欧将会重塑"全球化英国"，恢复与美国以及与加拿大和澳大利亚这两个前"白人自治领"关系更加紧密的"盎格鲁圈"①，真正迎来"帝国2.0"时代。英国对移民和多元文化的敌意引发了2018年的"疾风丑闻"，原因是许多20世纪五六十年代来自加勒比地区的合法移民当时又被归为了可被驱逐出境的非法移民。那一代人里面，有一位是牙买加出生的诗人林顿·奎西·约翰逊（Linton Kwesi Johnson），他在伦敦南区已经生活了55年，他说："我这么说会被钉上十字架的，但我还是认为，种族歧视的的确确是这个国家文化基因的一部分，大概自帝国时代以来就是如此。"[139]关于英国到底是单一文化国家还是多元文化国家的这场文化战仍在继续。

历史是由胜利者书写的，这些胜利者往往是

---

① 盎格鲁圈（Anglosphere）：也译"英语圈"，指这个世界上英语及英国文化价值观占主导地位的国家。

精英白人男性。然而,那些为了支持自己的诉求而界定自我身份、书写自我历史的群体不断向这种历史发起挑战。街头变成了战场,大中小学也一样,它们为争取其他群体的发声机会倡导历史的新写法,也成了历史旧写法捍卫者的敌人。阶级、种族、性别之间的交叉性也引发了冲突。胜利可能先被一个发起挑战的群体或学派抢走,随后又被另一个攫取,又或被守旧势力夺回。有人称,"你不能重写历史",但真正的问题是,谁有权重写历史。

3

我们将去往何方?

修通

历史是战场,是多种叙事竞相发声,争夺"头条新闻"的战场。历史学家跟其他学者一样,都在为自己对某一历史话题的解释争取最多的关注。而且,历史写作者也包括有此方面专长的非职业历史研究者和新闻记者。社交媒体上有大量供公众消费的历史类播客、网站、视频,也因此有了"电子历史"(e-history)这一新词。[1]互联网是历史故事的巨大载体,但也渗透着假历史、阴谋论、假信息。而在未来,ChatGPT这一类人工智能工具或许能成为历史类小品文、文章甚至书籍的作者或写作帮手,这样的前景将历史学所面对的上述挑战推到了新的高度。

然而,历史如果仅仅是讲故事,也就显得无关紧要了。当然,历史立足的是过往的证据,因此,虽然叙事可以构建,但它必须反映这些证据。小说不需要注脚,可历史需要。历史必须牢牢基于可靠的资料来源,而这些资料中,被数字化加工的只占一小部分,这也许会成为对抗人工智能的终极武器。历史声称它是真实的,用兰克的话说,历史是"实际发生的事情"。但这么说仍然片面。兰克谦逊地说,他的任务既不是评判过去,也不是教育后代。但实际上,他的任务正是这个,而他也这样做了。[2] 历史的任务是理解、解释、评价过去。这意味着不仅要承认过去发生的事情是无法避免的,甚至是正确的,这种方法容易取悦当下的统治秩序和其主流叙事。它还意味着要修通过去,尤其是修通过去最具破坏性、最具分裂性的事件,并寻求从中汲取经验。这些事件包括纳粹大屠杀、种族灭绝、殖民主义、气候紧急状态。

在编纂了几个世纪的德意志第三帝国光辉史后,德国历史学家如今虽然常常不情愿,但仍然不得不面对这样一个事实:是他们的军国主义、帝国主义、反犹主义导致了纳粹大屠杀。为此,他们甚至新造了一个词：*Vergangenheitsbewältigung*①。1952年，西德同意向从纳粹大屠杀的余烬中重生的以色列国支付赔偿金；2005年，"欧洲被害犹太人纪念碑"在柏林揭幕。其他"二战"期间被德国占领或与之合作的国家的历史学家也不得不承认他们在灭绝欧洲犹太人这件事当中扮演的角色。英裔美国历史学家托尼·朱特（Tony Judt）说，"承认纳粹大屠杀是我们当代欧洲的入场券"，指波兰和罗马尼亚分别在2004、2007年加入欧盟之前道歉一事。³ 同样，联合国大会在2005年将每年1月27日定为"缅怀大屠杀受难者国际纪念日"。

这种"修通"远未完成。本该在了解其后果后就被消除的反犹主义，其实并未得到根除。事实上，可追溯至伪《锡安长老会纪要》（*Protocols of the Elders of Zion*）的犹太世界阴谋论仍然具有影响力。欧洲各处，反犹、种族歧视的极右翼运动都有所抬头。2015年，法国穆斯林恐怖分子在杀害法国讽刺漫画杂志《查理周刊》（*Charlie Hebdo*）的记者后，又将一家犹太人超市的人质杀害。法国的犹太人开始重新考虑移民。同时，以色列国

---

① Vergangenheitsbewältigung：意为"克服过去"。

因侵占巴勒斯坦土地受到大量批评。一位正在流亡的以色列历史学家批评了"对巴勒斯坦的民族清洗"。[4]批评以色列国的人仍被指控为反犹主义者，2020年，英国工党也因反犹主义指控接受了"平等与人权委员会"（Equality and Human Rights Commission）的调查。

在性向与性别领域，修通也仍在进行。女性要求权利的理由是平等；同性恋群体的理由则是要在此基础上更进一步。男同性恋活动人士让·勒·比图出版了一部以性取向为由被纳粹驱逐出国的男同性恋者的回忆录，并表示应该把同性恋与犹太人、吉普赛人一同视为纳粹大屠杀的受害者。[5]女权主义、男同性恋、跨性别群体宣示拥有独立的身份，而我们也讨论过了，建立这些身份需要他们书写自己的历史。"我也是"（#MeToo）运动通过揭露有毒的男性气质和针对女性的暴力行为，为反对父权制提供了新的武器，从而促生了一些根本性的改变。一些女权主义者不愿承认跨性别者的权利，称性别是生物学问题，而从2023年英国政府阻挠苏格兰通过《性别承认改革法案》（Gender Recognition Reform Bill）一事就能看出，这种性别划分已经被政治右翼用作了武器。这场辩论未来如何,将取决于跨性别群体能否真正从权利平等和身份的角度,或利用自己的受迫害者身份,表达他们的诉求。为了助力未来研究,出版商 Gale 出版了《女性研究档案》(*Women's Studies Archive*)[6]和《女同性恋历史档案》(*Lesbian Herstory Archive*)[7],最近还出版了《性向与性别:1940年以来性少数群体的历史与文化档案》(*Sexuality and Gender: LGBTQ History and Culture since 1940*)[8]。

除了欧洲犹太人灭绝和性别战争外,蓄奴制及其遗留问题同样迫在眉睫。在意欲阻止民主党掌权的2021年1月6日"国会山骚乱"事件发生一年后,美国总统拜登向美国公民发出呼吁:

> 闭上眼睛。回想那一天。你看到了什么?暴徒横冲直撞,破天荒在这座国会大厦内挥舞着那面象征着要摧毁美国、要分裂我们的南方邦联旗。这种事在内战期间都从未发生过,却在2021年发生了。我们要确保过去不能被掩埋。只有这样,我们才能前进。伟大的国家就是这样做的。他们不掩埋历史,他们直面历史。[9]

3. 我们将去往何方?

他所指的美国的过去,是美国的蓄奴制历史,在许多人眼里,蓄奴是美国的原罪。但对一些右翼人士来说,为蓄奴制而打的南北战争并未结束,"大取代理论"也已发出了非裔美国人的人口将超过美国白人的警告。2015年6月17日,一名年轻的白人至上主义者戴伦·鲁夫(Dylann Roof)在南卡罗来纳州查尔斯顿的一所教堂内杀害了9名黑人信徒。照片中的他挥舞着邦联旗帜,焚烧着联邦旗帜。两个月后,西点军校的历史学教授兼系主任泰·赛杜利(Ty Seidule)严正地否定了这种态度。他身着军装,佩戴勋章录制了一段5分钟的视频,驳斥了美国内战开打的原因是为了州权而非蓄奴制的观点。"证据一清二楚,非常确凿,"他说,"蓄奴制基本上是南方和北方卷入内战的最大原因,"而南方分裂的目的是要保护蓄奴这一"特殊制度"。他承认蓄奴制是"美国历史上的奇耻大辱",也敦促美国人正视它。[10]鉴于这段视频的观看人数有3500万之众,似乎可以期待美国人真的会正确面对这一难题。[11]自那以后,《纽约时报》发起的"1619计划",虽说受到传统创始神话捍卫势力的强烈反击,但该计划把首批奴隶登陆作为美国创始性事件已展现出了强大的说服力。[12]

图3.1 2020年6月4日,华盛顿特区H街上的"黑命贵"集会,特蕾茜·米赫莱伯摄
2020年5月25日,乔治·弗洛伊德在明尼阿波利斯的死引发了全球反对种族主义的抗议,促使人们向蓄奴制历史和殖民历史发起挑战并进行重新评估。

蓄奴制不仅是美国历史的污点,也是英国历史的污点。2012年,巴巴多斯①裔历史学家希拉里·贝克尔斯(Hilary Beckles)出版了关于蓄奴制和"本土种族灭绝"的《英国的黑人债》(*Britain's Black Debt*)一书。他成为"加勒比社区

---

① 巴巴多斯:位于加勒比海与大西洋交界处的岛国。

赔偿委员会"(Caribbean Community Reparations Commission)的主席,向英国和其他欧洲政府施压,要求他们承认对"蓄奴制受害者及其后代"的责任。[13]英国政府非但没有承认这一责任,还将矛头指向了作为英属子民来英工作的加勒比地区"疾风世代"移民,把他们划为"非法移民",并将许多人驱逐回加勒比地区。此外,英国"警察、火警、救援服务女王调查总长"(HM Inspector of Constabulary and Fire and Rescue Services)温迪·威廉姆斯(Wendy Williams)曾在2018年就减缓内政部"敌对环境"政策对移民造成的损害做了一份报告,其中的大部分建议也都被搁置了。[14]但是,政府失位的地方,公民站了出来。记者劳拉·特里维廉(Laura Trevelyan)和亚历克斯·伦顿(Alex Renton),以及威廉·格莱斯顿①之父约翰·格莱斯顿(John Gladstone)的后人,在伦敦大学学院的奴隶主数据库中发现他们祖先的名字后,以个人名义向加勒比社区进行了赔偿。[15]

第四个同样需要修通的(相关)重要领域是

---

① 威廉·格莱斯顿(William Gladstone):19世纪60~90年代四次出任英国首相。

殖民主义。从大约2000年起的10年间，前殖民地国家成功论证了自己种族灭绝的受害者身份，后殖民主义历史学家也通过分析殖民列强的占领、掠夺、暴力活动而参与其中。然而，在2011年之后，"大取代理论"的辩护者就此发起了反击，称欧洲和北美正在被有色人种移民淹没，白人文明岌岌可危。[16]记者肯南·马利克（Kenan Malik）在2023年写道："过去20年里，我们目睹了一系列以白人民族主义为名的大规模屠杀，它们的背后，都有关于移民、穆斯林、犹太人、大取代、白人种族灭绝等阴谋论的煽风点火。"马利克的这一回应非常大胆。他认为，种族本身就是19世纪的建构，北美和欧洲占主导地位的白种人早年间自称受到了威胁而陷入恐慌，种族便成了他们对抗这一恐慌的说辞，而身份政治得以让种族主义者借邀请"穷白人"或"工人阶级白人"加盟白人至上的阵营，将这些群体与同样遭受不平等待遇的黑人分隔开来。他总结说，"身份政治"掩盖了"工人阶级不平等和种族不公背后的社会及政治根源"，而阶级和种族议题的活动人士现在应当联合行动了。

这场运动的历史先例俯拾皆是。虽然工人阶

级的代表性成员一直是白人男性，但整个工人阶级一直以来显然是男性和女性、白人和黑人共同组成的。女性往往冲在劳工斗争的最前线，比如1888年伦敦东区鲍恩的"布莱恩特和梅火柴厂"（Bryant & May）女火柴工罢工、1917年巴黎缝纫女工罢工、1968年达格纳姆福特工厂（Fords of Dagenham）女工罢工等。此外，1976~1978年，亚裔女性还领导了伦敦西区格伦威克胶片加工厂（Grunwick Film Processing Laboratories）为期两年的罢工。2018年，法国兴起了一场新式的工人阶级抗议浪潮，抗议者来自法国小镇和农村，他们无法负担大城市的生活，在零工经济、高税收、崩溃的公共服务体系下不堪重负，许多人至今仍与工会有关联，但现在都像他们之前的许多反叛者一样，开始转向法国大革命时的各种手段。[17]此外，针对法国政府将退休年龄从62岁提高到64岁的计划，人们在2023年1~3月期间还发起了一场更为传统的劳工运动。人们认为政府这一举动对刚从中学毕业就进入劳动力市场并从事高强度体力劳动的学生尤为残酷。抗议期间，发电站、炼油厂、汽油仓库全部关闭，火车、地铁停运，中小学闭校，清洁工罢工，垃圾堆积如山。在英国，整个

2022和2023年，铁路工人、公交车司机、公职人员、中小学教师和大学讲师、医生、护士、救护车司机、亚马逊物流从业人员也再次发起了罢工行动。值得注意的是，英国工会中的女性会员比例在2020年超过了男性，占到了57%。这些变化的大背景，是人们对罢工行动、劳工运动、工人阶级、工人阶级社区的兴趣再度上升。[18]

另外，环保运动与环境史成了需要关注的新领域。从1910年在印度兴起的保护森林的乡村运动，20世纪80年代"绿色和平组织"（Greenpeace）在太平洋干预法国的核试验，到1990年克里族印第安人（Cree Indian）反对加拿大一项水电工程的抗议，环保运动人士的历史悠久而丰富。然而，面对21世纪的气候紧急状态，"反抗灭绝"（Extinction Rebellion）组织于2018年在英国成立，翻开了这项事业的新篇章，并很快蔓延到欧洲各地，以及北美洲、拉丁美洲、非洲及日本、澳大利亚。

对于自己如何参与其中、在运动中起了什么作用，环保人士记录下了自己的历史。2018年，年仅15岁的格蕾塔·通贝里（Greta Thunberg）在伦敦的一次"反抗灭绝"集会上发表了演讲：

我大概8岁时第一次听说什么气候变化、全球变暖……但没有人聊这个话题，从来没有。我对它没什么概念。它太不真实了。我有孤独症，这个世界对我就是非黑即白的。我认为，在很多方面，孤独症患者才是正常人，其他人都挺奇怪的。他们总说气候变化威胁人类生存，是最要紧的问题。但他们却依然过着自己的生活，和往常一样……一切都需要改变了。改变必须从今天开始。所以，大家都听我说，公民不服从的时候到了。反抗的时候到了。[19]

环保抗议有着悠久的历史，环境史当然也如此。但这是一段丰富的历史。有的环境史观是温和的，是对当年完好如初、后来却被美国"文明"破坏的自然景观的怀念。罗德里克·纳什（Roderick Nash）在《荒野与美国思想》（*Wilderness and the American Mind*, 1967）中警告说，地球正在沦为荒原，并畅想了一个"再次变回荒野"的世界。[20] 也有严峻的环境史观，阿尔弗雷德·克罗斯比（Alfred Crosby）的《哥伦布大交换》（*The Columbian Exchange*）和威廉·克罗农（William

Cronon)的《土地的变迁》(*Changes in the Land*)就表示,欧洲人入侵美洲后,带来的疾病使土著印第安人的人口锐减,还把他们赶出自己的家园,把他们的资源变成商品,破坏了他们历史悠久的生态系统。[21]西方和发展中国家的学者因研究活动聚集到一起。拉马钱德拉·古哈(Ramachandra Guha)就是一例,他的博士论文研究的是20世纪70年代印度北阿坎德邦妇女保卫喜马拉雅山脉附近的森林及反对工业伐木的"抱树运动",并与大卫·阿诺德(David Arnold)合编了《自然、文化、帝国主义》(*Nature, Culture, Imperialism*)。[22]社会运动中也有类似的合作。来自西方的"反抗灭绝"活动人士与土著人民共同守卫人类在地球上的未来。这段历史还不曾有人书写。"反抗灭绝"的活动人士可能被描绘为新的宪章主义者、新的女性参政论者、新的民权运动者。他们可能将反殖民叙事与环境叙事相结合,如此写就的新历史或将继马克思主义的无产阶级革命叙事后,成为主导21世纪的新叙事。如今,火炬传递给了新一代的历史学家。

历史由谁来书写？

历史学家肩负重任。我们已经说过，他们忙于破除神话，在书写客观历史的职责与所有历史书写都具有政治性的现实之间挣扎，同时在历史与身份认同这些敏感且充满政治意味的道路上摸索前行。但并非只有他们在孤军奋战。

的确，有些历史学家可能身居象牙塔，但象牙塔也连接着社交媒体和全球互联网，瞬息万变的电子历史景观既带来了丰富的可能性，也带来了巨大的挑战。可能性之丰富在于历史学家如今可以为历史类播客制作内容，据统计，2020年已经有240档这样的播客节目。[23]挑战之巨大在于网络上的故事千千万万，真的少，假的多，谎言、阴谋论、假信息充斥其间。有些故事是有益的，比如泰·赛杜利在2015年对美国内战的论述。另一些则是危险的，比如有的网站或聊天站否认纳粹大屠杀，称疫苗有害，称美国被一帮恋童癖阴谋家所控制，并在全球散播民粹主义领导人阴谋。而那些将历史研究和历史讨论叫停的声音也同样危险。

职业历史学家不会停滞不前，而是根据新问

题、新证据和新方法不断改写历史。我们在前面已经看到,他们会为了寻找最准确、最有说服力的历史解释,与其他历史学家持续地对话、辩论。历史学家所在的院校机构会定期开展课程改革,这些改革也常常引发争议,因为历史教学要关注与权力和身份有关的社会新动向,要跟上其中涌现出的新透镜和新方法。社会史、经济史、劳工史在20世纪六七十年代进入了历史教学大纲,女性史在七八十年代出现,性别史、酷儿史兴起于90年代,全球史、后殖民史、黑人史则在2000年后出现。目前,将课程去殖民化、酷儿化的讨论正在进行,并会在未来延续下去,也免不了遭到白人异性恋历史观捍卫者的反对。[24]

在英国,中小学课程也有新调整。国家课程体系较为僵化,政府向学校施压,要求帝国史教学要保持"平衡"。但是,比如在《1840～1895年的美国:扩张与巩固》(*America 1840–1895: Expansion and Consolidation*)这类传统课程之外,学生如今也可以学习由英国资格评估与认证联合会(AQA)规定的英国会考课程(GCSE)中的历史课了,如《移民、帝国、人民:约790年至今》(*Migration, empires and the people, c. 790 to the present*)。

克莱尔·亚历山大（Claire Alexander）和乔雅·查特吉（Joya Chatterji）两位教授在2014年开设的《历史课》（*History Lessons*）项目也极富原创性。他们提出问题："'英国历史'包括了哪些人，哪些事？又排除了哪些人，哪些事？'我们的岛国故事'又该如何讲述几个世纪来往于岛国海岸上的移民故事？我们的岛国故事无疑是个全球化的故事，且一直如此，英国本身的民族、文化、社会构成一直是多样化的。"[25]该课程项目聚焦于伦敦、曼彻斯特、谢菲尔德、莱斯特、加的夫等移民人口众多的英国城市，由教师、博物馆工作人员、电影制片人员带领中小学生，通过走访参观活动来探索他们周围的历史。学生发现，他们的历史、他们家庭和社群的历史，都深受全球贸易、工业、奴隶制、帝国、移民的影响。一位教师说，海外移民家庭的孩子不再觉得自己被都铎王朝和斯图亚特王朝的历史排除在外了，"他们在历史课堂中看到了自己的身影"。[26]

这一课程项目强调学术历史、中小学校、社群历史三者之间的重要互动。社群史、家族史、个人史研究可以让人接受历史方法的训练，如证据采集与证据权衡、历史分析与历史阐述。它能从以前替我们书写历史的政治力量手中"夺回"历史的书写权,并超越一些对身份历史的简化,证明社群的多样性与历史传统的复杂性并不仅仅体现为工人阶级与中产阶级、白人与黑人或同性恋与异性恋之分。

社群历史一个有力的例子是乔治·尤尔特·埃文斯(George Ewart Evans)的《问那些割草的伙伴》(*Ask the Fellows Who Cut the Hay*, 1956),这是一部关于萨福克郡农村布莱克斯霍尔的口述史,埃文斯在妻子被聘为教师后从南威尔士来到了这里。出于对乡村生活的怀念,这部作品回应了口述历史早期对"我们失去的世界"的关注。[27] 1906年成立的"历史协会"(Historical Association)、1973年成立的"口述历史学会"(Oral History Society),以及1976年在安布尔赛德、1983年在沃尔瑟姆森林成立的早期口述历史小组,都让地方史和社群史得以延续。大学的外部研究部门也开展社群史研究,这些部门像亚历山大和查特吉一样,在地方性中发现了全球性。例如,2017年牛津大学的普里亚·阿特瓦尔(Priya Atwal)联合牛津郡士兵博物馆(Soldiers of Oxfordshire Museum)、牛津大学锡克教协会

3. 我们将去往何方?

(Oxford University Sikh Society)、牛津穆斯林社区倡议(Oxford Muslim Community Initiative)、牛津印度教寺庙项目(Oxford Hindu Temple Project),从牛津郡和白金汉郡轻步兵团(Oxfordshire and Buckinghamshire Light Infantry)的透镜切入,展开了对"一战"期间的印度军队的研究。[28]

家族史探寻我们祖辈的历史,可以有力地解释我们的身世。系谱学有着悠久而辉煌的传统,但历史学家要做的,是要将其与更广阔的历史背景,如蓄奴制、殖民主义、世界大战、移民、种族灭绝等联系起来。亚历克斯·黑利(Alex Haley)1976年出版了半虚构故事《根》(Roots),讲述了他的祖先昆塔·金特(Kunta Kinte)在冈比亚被捕,后又被卖到美洲种植园为奴的经历。该书一度登上畅销书榜首,被改编成电视剧,更激发了对非裔美国人历史的研究。[29]斯图尔特·霍尔出生于牛买加一个中产家庭,他觉得自己像是"最后一个殖民地人"。他在去英国之前从未把自己看作黑人,这个日渐衰落的帝国让他体会到了种族歧视,在一次核裁军运动游行中与凯瑟琳相遇时,他的这种感觉尤其强烈。他当时有两个目标,一个是"改变英国社会",让它走向多元文化，另一个是"建立一个新家庭"。[30]

国际法律师菲利普·桑兹（Philippe Sands）和作家卡嘉·彼得罗夫斯卡娅（Katja Petrowskaja）发现了自己家族的犹太渊源，且二人的描述形成互补叙事。桑兹的祖父1904年生于伦贝格（现乌克兰利沃夫），在"德奥合并"①后被驱逐出维也纳，他逃往巴黎，参加了法国外籍军团和法国抵抗运动。桑兹的祖母躲了起来，他的母亲露丝1938年出生后被一位英国妇女藏了起来。而种族灭绝理论家拉斐尔·莱姆金（Rafael Lemkin）和桑兹祖父一样，也有伦贝格和维也纳的背景，桑兹对这两个人生命的交集非常感兴趣。[31]卡嘉·彼得罗夫斯卡娅的任务更艰巨，在《也许叫以斯帖②》（Maybe Esther）一书中，她从纳粹大屠杀后留下的波兰、乌克兰、俄罗斯的"历史废墟"中重新拼凑出了自己的家族故事。年纪轻轻在柏林生活的她回到了华沙，她的曾祖母当年就在那里，名字"也许"叫以斯帖，因为体弱无法逃难，"也许"被德国人在街上用枪打死了。她也去了基辅，

---

① 德奥合并：1938年3月13日德意志国合并奥地利联邦国，组成大德意志。
② 以斯帖：《希伯来圣经·以斯帖记》中的犹太女王名。

1941年祖母罗莎和她自己的母亲就是从那里逃走的。她还去了莫斯科,1932年曾祖父在那里开枪打死了一名德国外交官。她发现,欧洲犹太人的家族史中,斗争和逃亡往往是两个互相交织的主题。[32]

个人回忆录是对一个人生活的记叙,但从来都不是孤立存在的。它们通常以塑造了人物命运的家族史开头,然后将人物的生命轨迹置于历史背景中。我们在第二章中提到的威廉·洛维特、弗雷德里克·道格拉斯、莱斯利·费恩伯格等社会活动人士的经历就是如此。个人回忆录对阶级、性别、种族这些议题交叉点的讨论可能比较敏感。维拉·布里坦(Vera Brittan)的兄弟和未婚夫都在"一战"中丧生了,她在其《青春的证言》(*Testament of Youth*,1933)中探讨了大战对她这一代年轻人的影响。[33] 50年后,卡罗琳·斯蒂德曼(Carolyn Steedman)将母亲与自己的童年经历并置,打破了工人阶级回忆录的写作风格:她母亲是兰开夏郡一名纺织工的女儿,1934年为了讨生活来到伦敦,她自己则在20世纪60年代逃离斯特雷特姆沉闷的生活,去了外地上大学。[34]

当然,并不是每一个人都能书写出这样一部关于一代人的细腻而又宏大的回忆录。但"公共史学"(public history)领域的观点是,无论是谁,每个人都可以收集点点滴滴的过往经历,写出自己的生命故事或片段。希尔达·基恩(Hilda Kean)在母亲住进养老院后清理她房间时发现了信件、照片、日记、学期报告、装饰品、纪念品等各种物件,她便以此展开了研究。由此,她讲述了一个来自埃平森林的工人阶级女性的一生,以及她所生活的世界。[35]这个故事无须支持或反驳诸如《英国工人阶级的形成》这样的"宏大叙事",它的意义完全可以从那些零碎之物中任意构建。最重要的是,公共史学正是建立在这样的理念之上:人人都是创造历史的动因。利奥波德·冯·兰克曾说,历史学家的一个任务就是"教育当下,造福后世"。但当下和后世也必须进行自我教育。无论是读者还是作者,是办播客还是在社交媒体上进行创作,"人人都是历史学家"。[36]

注　释

1　我们现在何处？

1. Vladimir Putin, 'On the Historical Unity of Russians and Ukrainians', 12 July 2021, http://en.kremlin.ru/events/president/news/66181 (accessed 09/11/2022).
2. Vladimir Putin, 'On the Historical Unity of Russians and Ukrainians'.
3. Vladmir Putin, Address, 21 Feb. 2021, http://en.kremlin.ru/events/president/news/67828 (accessed 15/2/2023).
4. Joe Biden, Remarks by President Biden on the United Effort of the Free World to Support the People of Ukraine, 26 Mar. 2022, https://www.whitehouse.gov/briefing-room/speeches-remarks/2022/03/26/remarks-by-president-biden-on-the-united-efforts-of-the-free-world-to-support-the-people-of-ukraine/ (accessed 15/02/2023).
5. Shaun Walker, *The Long Hangover: Putin's New Russia and the Ghosts of the Past* (Oxford: OUP, 2018), 10, 245.
6. Timothy Snyder, *The Road to Unfreedom: Russia, Europe, America* (London: Vintage, 2018).
7. 例子见 Rhoddri Jeffreys-Jones, *The CIA and American Democracy* (1989, 2003); Vincent Bevins, *The Jakarta Method: Washington's Anticommunist Crusade and the Mass Murder Program that Shaped Our World* (New York: PublicAffairs, 2020) and Susan Williams, *White Malice: The CIA and the Neocolonisation of Africa* (London: Hurst & Co, 2021).
8. Mark Edele, 'Fighting Russia's History Wars: Vladimir Putin and the Codification of World War II', *History and Memory* 29(2) (Fall/Winter 2017), 90–124.
9. Mikhail Sokolov, '"A Dangerous Commission": Russian Historians Alarmed as Putin Creates State Body on 'Historical Education', Radio Free Europe/Radio Liberty, 10 Aug. 2021 https://www.rferl.org/a/russia-history-commission-putin/31403236.html (accessed 10/11/2022).
10. Robert Gildea, *Empires of the Mind. The Colonial Past and the Politics of the Present* (Cambridge: CUP, 2019), 219.
11. David Cannadine, 'The Context, Performance and Meaning of Ritual: The British Monarchy and the Invention of Tradition,

[11] c. 1820–1977', in Eric Hobsbawm and Terence Ranger (eds), *The Invention of Tradition* (Cambridge: CUP, 1983), 101–64, 124.
[12] George Orwell, *Nineteen Eighty-Four* (London: Secker & Warburg, 1949), ch 3.
[13] https://www.independent.co.uk/news/uk/politics/boris-johnson-bbc-proms-rule-britannia-lyrics-row-british-history-black-lives-matter-a9687816.html (accessed 20/11/2020).
[14] Catherine Hall, Nicholas Draper, Keith McClelland, Katie Donnington and Rachel Lang, *Legacies of British Slave-Ownership. Colonial Slavery and the Formation of Victorian Britain* (Cambridge: CUP, 2014), 2–37.
[15] David Olusoga, *Black and British. A Forgotten History* (London: Macmillan, 2016), xv–xix, 517–19.
[16] Nigel Biggar, *Colonialism. A Moral Reckoning* (London: William Collins, 2023), 53–66, 297, 289.
[17] National Public Radio, 24 Nov. 2020, https://www.npr.org/2020/11/24/938187233/trump-push-to-invalidate-votes-in-heavily-black-cities-alarms-civil-rights-group (accessed 30/11/2020).
[18] *Washington Post*, 26 Oct. 2021.

2 我们如何来到当下？

[1] Margaret Macmillan, *The Uses and Abuses of History* (London: Profile Books, 2009), 81.
[2] Ernest Renan, 'Qu'est-ce qu'une nation?' in John Hutchinson and Anthony D. Smith, *Nationalism* (Oxford and New York: Oxford University Press, 1994), 17.
[3] Frederick Merk, *Manifest Destiny and Mission in American History. A Reinterpretation* (New York: Vintage Books, 1963), 32.
[4] W.E.B. Du Bois, 'The Souls of the White Folk', in *Darkwater. Voices from within the Veil* (London and New York: Verso, 2016), 17–29.
[5] Richard Storry, *A History of Modern Japan* (London: Penguin, 1960), 23.
[6] Tacitus, *Agricola and Germany* (Oxford: Oxford University Press, 1999), 38, 62.
[7] Georg Lukács, *The Historical Novel* (London: Merlin Press, 1962), 19–26; Walter Scott, *Ivanhoe* (Oxford: Oxford University Press, 1996), 26.
[8] *Geschichte der romanischen und germanischen Völker von 1494 bis 1535* (Leipzig und Berlin, 1824), v–vi. 感谢 George Miller

提供本版翻译。

9. John Kenyon, *The History Men. The Historical Profession in England since the Renaissance* (London: Weidenfeld and Nicolson, 1993), 149–55, 170–4.
10. Sharon Turner, *The History of the Anglo-Saxons from the Earliest Period to the Norman Conquest* (7th edition, London: Longman, 1852), III, 160.
11. Hubert Howe Bancroft, *History of California* (7 vols, San Francisco: A.L. Bancroft, 1884–90).
12. Julian Hawthorne, *The United States from 1492 to 1910. Vol I. From the Discovery of America to the Battle of Lexington* (New York and London: The Cooperative Publication Society, 1898), 5.
13. Charles-Victor Langlois and Charles Seignobos, *Introduction to the Study of History* (New York: Henry Holt, 1932), 17.
14. Arthur Bryant, *English Saga, 1840–1940* (London: The Reprint Society, 1942), 339; A.L. Rowse, *The Spirit of English History* (London: Jonathan Cape, 1943).
15. Herbert Butterfield, *Man on his Past. The Study of the History of Historical Scholarship* (CUP, 1955), 30.
16. Boyd C. Schafer, *Nationalism. Myth and Reality* (London: Victor Gollancz, 1955), 7.
17. Eric Hobsbawm and Terence Ranger (eds), *The Invention of Tradition* (CUP, 1983), 1–13.
18. David Reynolds, *In Command of History. Churchill Fighting and Writing the Second World War* (London: Allen Lane, 2004), 169.
19. Frantz Fanon, *The Wretched of the Earth* (Harmondsworth: Penguin, 1990).
20. Edward Saïd, *Orientalism. Western Conceptions of the Orient* (London: Penguin, 1995).
21. Gayatri Chakravorty Spivak, 'Can the Subaltern Speak?' in Cary Nelson and Lawrence Grossberg (eds), *Marxism and the Interpretation of Culture* (Urbana: University of Illinois Press, 1988), 271–313.
22. Bernard Lewis, 'The Roots of Muslim Rage', *The Atlantic*, Sept. 1990.
23. Samuel P. Huntington, 'The Clash of Civilizations?', *Foreign Affairs*, 72(3) (Summer, 1993); Huntington, *The Clash of Civilizations and the Remaking of World Order* (New York, Simon & Schuster, 1996).
24. Niall Ferguson, *Empire. How Britain Made the Modern World* (London: Allen Lane, 2003), 370.

[25] Ferguson, *Colossus: The Rise and Fall of the American Empire* (London: Penguin, 2005), viii–x.
[26] Caroline Elkins, *Britain's Gulag. The Brutal End of the Empire in Kenya* (London: Pimlico, 2005); David Anderson, *Histories of the Hanged. Britain's Dirty War in Kenya and the End of Empire* (London: Phoenix, 2006). 又见 Ian Cobain, *Cruel Britannia: A Secret History of Torture* (London: Portobello, 2012).
[27] Andrew Roberts, *A History of the English-Speaking Peoples since 1900* (London: Weidenfeld & Nicolson, 2006).
[28] Jean Raspail, 'Big Other', *Le Camp des Saints* 一书序言 (Paris, Laffont, 2011), 25–38。
[29] http://www.liberation.fr/france/2015/09/16/le-livre-de-chevet-de-marine-le-pen-decrit-une-apocalypse-migratoire_1383026; https://www.huffingtonpost.co.uk/entry/steve-bannon-camp-of-the-saints-immigration_us_58b75206e4b0284854b3dc03
[30] Jean Camus, *Le Grand Remplacement* (Neuilly-sur-Seine, D. Reinharc, 2011).
[31] Bruce Gilley, 'The Case for Colonialism', *Academic Questions*, 31 (2018), 167–85.
[32] Shashi Tharoor, *Inglorious Empire: What the British Did to India* (London: Hurst & Co., 2017); Priyamvada Gopal, *Insurgent Empire: Anticolonial Resistance and British Dissent* (London and New York: Verso, 2019); Priya Satia, *Time's Monster: History, Conscience and Britain's Empire* (London: Allen Lane, 2020), 138; George Bernard Shaw, 'The Man of Destiny' in *Plays Pleasant* (London: Penguin, 1946), 205–6.
[33] Caroline Elkins, *Legacy of Violence: A History of the British Empire* (London: The Bodley Head, 2022), 16, 127–62.
[34] Biggar, *Colonialism* (London: William Collins, 2023), 297.
[35] 见第一章尾注 12。
[36] E.H. Carr, *What is History?* (London: Penguin, 1961), 22.
[37] Nigel Saul, *Richard II* (New Haven & London: Yale UP, 1997), 376–7.
[38] Christopher Hill, 'Sir Edward Coke Myth-maker' in Hill, *Intellectual Origins of the English Revolution* (Oxford: Clarendon Press, 1980), 246; J.G.A. Pocock, *The Ancient Constitution and the Feudal Law* (Bath: Cedric Chivers, 1957), 43–5.
[39] Christopher Hill, 'The Norman Yoke' in Hill, *Puritanism and Revolution: Studies in the Interpretation of the English Revolution in the 17th Century* (London: Secker and Warburg, 1958), 50–122.

40 John Milton, *Political Writings* (ed. Martin Dzelzainis) (Cambridge: CUP, 1991), 171.
41 Edward Hyde, Lord Clarendon, *The History of the Great Rebellion* (ed. Roger Lockyer) (Oxford: OUP, 1967), 455.
42 Bridget Hill, *The Republican Virago. The Life and Times of Catharine Macaulay, Historian* (Oxford: Clarendon Press, 1992), 35–6.
43 James Madison, Alexander Hamiliton and John Jay, *The Federalist Papers* (ed. Isaac Kramnick) (London: Penguin, 1987), 118–21.
44 Saint-Just, 'Discours concernant le jugement de Louis XVI, 13 nov. 1792', in Ch. Vellay, *L'Élite de la Révolution* (Paris: Fasquelle, 1908), 364–72.
45 Robespierre, Speech to the Convention, 5 Feb. 1794, in *Discours et Rapports à la Convention* (Paris: Union Générale des Éditions, 1965), 214.
46 Edmund Burke, *Reflections on the Revolution in France* (London: Pelican Books, 1968), 117.
47 Tom Paine, *The Rights of Man* (London: Penguin, 1969), 64, 87–8.
48 Lord Macaulay, *The History of England* (London: Penguin, 1986), 295.
49 Karl Marx, 'Towards a Critique of Hegel's Philosophy of Right: Introduction' (David McClellan, ed.), *Karl Marx Early Texts* (Oxford: Blackwell, 1972), 117.
50 Karl Marx and Friedrich Engels, 'The Manifesto of the Communist Party', in Marx and Engels, *Selected Works in One Volume* (London: Lawrence & Wishart, 1968), 35, 46.
51 Jefferson Davis, *The Essential Writings* (ed. William J. Cooper) (New York: The Modern Library, 2003).
52 Abraham Lincoln, Gettysburg Address, 19 Nov. 1863, in Lincoln, *Complete Works X* (ed by John G. Nocolay and John Hay) (1905), 209–10.
53 Charles and Mary Beard, *The Rise of American Civilization* (London: Jonathan Cape, 1977), II, 53–4.
54 Ulrich Bonnell Phillips, *Life and Labour of the Old South* (Boston: Litle, Brown and Co., 1929), 195–9.
55 Claude G. Bowers, *The Tragic Era: The Revolution after Lincoln* (New York: Blue Ribbon Books, 1929), vi.
56 J.G. Randall, *The Civil War and Reconstruction* (Boston: D.C. Heath and Co., 1937), 690, 847.
57 Martin Luther King, 'I Have a Dream', Washington, DC, 28 Aug. 1963, in Brian MacArthur (ed.), *Great Speeches of the Twentieth*

58   *Century* (London: Penguin, 2012), 328–33.

58   Kenneth M. Stampp, *The Peculiar Institution: Negro Slavery in the American South* (London: Eyre and Spottiswoode, 1964), 397.

59   Stampp, *The Era of Reconstruction. America after the Civil War, 1865–77* (London: Eyre and Spottiswoode, 1965), 184–5.

60   Gary W. Gallagher, *The Confederate War* (Cambridge, MA, Harvard UP, 1997); Karen L. Cox, *Dreaming of Dixie. How the South was Created in American Popular Culture* (U.N. Carolina Press, 2011).

61   Karl Marx, 'The Eighteenth Brumaire of Louis Bonaparte', in Marx and Engels, *Selected Works in One Volume*, 170.

62   Karl Marx, 'The Civil War in France' (1871) in Marx and Engels, *Selected Works in One Volume*, 307.

63   V.I. Lenin, *What is to be Done?* (London: Penguin, 1988), 143–7.

64   Jay Bergman, *The French Revolutionary Tradition in Russian and Soviet Politics, Political Thought and Culture* (Oxford: OUP, 2019), 90.

65   Lenin, 'The State and Revolution' in Lenin, *Selected Works* (Moscow: Progress Publishing, 1968), 286–93.

66   John Reed, *Ten Days that Shook the World* (London: Communist Party of Great Britain, 1926), introduction.

67   William Chamberlin, *The Russian Revolution* [1935] (2 vols, New York: Macmillan, 1957), 121; Chamberlain, *The Soviet Union* (London: Duckworth, 1930), 424–5.

68   Chamberlin, *Confessions of an Individualist* (London: Duckworth, 1940), 151–2, 170.

69   Leon Trotsky, *The Revolution Betrayed* (London: New Park Publications, 1973), 105, 278.

70   Simon Sebag Montefiore, *Stalin. The Court of the Red Tsar* (London: Weidenfeld & Nicolson, 2003), 483.

71   Robert Conquest, *The Great Terror: Stalin's Purge of the Thirties* (London: Macmillan, 1968), xiii.

72   Roy Medvedev, *Let History Judge: The Origins and Consequences of Stalinism* (Oxford: Oxford UP, 1989), 585–7.

73   Christopher Hill, *The English Revolution 1640. An Essay* (London: Lawrence and Wishart, 1955), 6.

74   Blair Worden, 'The Puritan Revolution' in Worden (ed.), *Hugh Trevor-Roper the Historian* (London and New York: I.B. Tauris, 2016).

75   C.V. Wedgwood, *The Trial of Charles I* (London: Folio Society, 1959), 24.

76. M.J. Gorbachev, 'Report to the 27th Congress of the CSPU', in Gorbachev, *Speeches and Writings* (Oxford: Pergamon Press, 1986), 3–96.
77. Reynald Sécher, *Le Génocide franco-français: La Vendée-Vengé* (Paris: PUF, 1986).
78. Robert Gildea, *The Past in French History* (New Haven and London: Yale University Press, 1994), 15.
79. Robert Service, *Kremlin Winter: Russia and the Second Coming of Vladimir Putin* (London: Picador, 2019), 27.
80. Mao Zedong, 'On the Work-Study programme in Hunan', in Stuart Schram (ed.), *Mao's Road to Power. Revolutionary Writings 1912–1949. Vol. I, The Pre-Marxist Period 1912–20* (New York: Armonk and London: M.E. Sharpe, 1992), 454.
81. Mao Zedong, 'Some Points for Attention in Commemorating the Paris Commune', 18 Mar. 1926, in Stuart Schram (ed.), *Mao's Road to Power. Revolutionary Writings. Vol. II, National Revolution and Social Revolution 1920–27* ((New York: Armonk and London: M.E. Sharpe, 1994), 365–8. 多数史学家均认为死亡人数在1万至2万之间。
82. Joan Robinson, *The Cultural Revolution in China* (London: Penguin, 1969), 24–5.
83. William Hinton, *Hundred Day War: The Cultural Revolution in Tsinghua University* (New York and London: Monthly Review Press, 1972), 7.
84. Stuart Schram, *Mao Tse-tung Unrehearsed. Talks and Letters, 1956–71* (London: Penguin, 1974), 258.
85. Peter Geyl, *Napoleon: For and Against* (London: Jonathan Cape, 1949).
86. James Kay-Shuttleworth, *The Moral and Physical Condition of the Working Classes Employed in the Cotton Manufacture of Manchester* (London: J. Ridgway, 1832), 7.
87. Friedrich Engels, *The Condition of the Working Class in England* (Oxford: Blackwell, 1958), 149, 258.
88. Prosper-Olivier Lissagaray, *History of the Commune*, tr. Eleanor Marx-Aveling (London: Reeves and Turner, 1886), 393, 458–9.
89. Louise Michel, *Mémoires* (Brussels, Éditions du Tribord, 2005), 397.
90. August Bebel, *My Life* (London: T. Fisher Unwin, 1912), 292.
91. Samuel Gompers, *Seventy Years of Life and Labour: An Autobiography* (New York: E.P. Dutton, 1925), 61, 154.

[92] Will Thorne, *My Life's Battles* (London: George Newnes, 1925), 72, 87.

[93] Beatrice Webb, *My Apprenticeship* (New York: Longmans, 1926), 390.

[94] E.P. Thompson, *The Making of the English Working Class* (London: Penguin, 1968) 13.

[95] Jane Austen, *Persuasion* [1818] (Oxford, OUP, 1998), 188.

[96] Louise Michel, *Mémoires*, 43, 120.

[97] Emmeline Pankhurst, *My Own Story* (London: Eveleigh Nash, 1914), 148, 269.

[98] Simone de Beauvoir, *The Second Sex* (London: Jonathan Cape, 1953), 106.

[99] Juliet Mitchell, *Women. The Longest Revolution* (London: Virago, 1984), 53.

[100] Eleanor Flexner, *Century of Struggle:. The Women's Rights Movement in the United States* (revised edition, Cambridge, MA and London: Belknap Press of Harvard UP, 1975), 71–7; Betty Friedan, *The Feminine Mystique* [1963] (London: Victor Gollancz, 1971), 100, 380.

[101] Mary Hartman and Lois Banner, *Clio's Consciousness Raised: New Perspectives on the History of Women* (New York, Harper Torchbooks, 1974).

[102] Lois Banner, *Women in Modern America: A Brief History* (second edition, San Diego: Harcourt Brace Jovanovich, 1984), v.

[103] Alice Rossi, *The Feminist Papers: From Adams to De Beauvoir* (New York: Bantam Books, 1973), xi.

[104] Sheila Rowbotham, *Promise of a Dream: Remembering the Sixties* (London: Penguin, 2000), 245.

[105] Sheila Rowbotham, *Women, Resistance and Revolution* (London: Allen Lane, 1972), 1.

[106] Georges Duby and Michelle Perrot, 'Écrire l'histoire des femmes', in Duby and Perrot (eds) *Histoire des femmes en Occident I* (Paris: Plon, 1991), viii–ix.

[107] Cécile Dauphin et al, 'Culture et pouvoir des femmes: essai d'historiographie', *Annales* 41 (1986), 271–93.

[108] Cathy Berheim and Annette Lévy-Willard, *Emma Goldman: Épopée d'une anarchiste (New York 1886–Moscou 1920)* (Paris: Hachette, 1979).

[109] Françoise Picq, *La Libération des Femmes. Les années-mouvement* (Paris: Seuil, 1993).

110 Sheila Jeffreys, *The Spinster and Her Enemies. Feminism and Sexuality, 1880–1930* (London: Pandora, 1985), 196.

111 Jeffrey Weeks, *Coming Out: Homosexual Politics in Britain from the Nineteenth Century to the Present* (London: Quartet Books, 1977).

112 Jean Le Bitoux, *Citoyen de la Seconde Zone: Trente ans de lutte pour la reconnaissance de l'homosexualité en France* (Paris: Hachette, 2003), 13–17.

113 Joan Wallach Scott, 'Gender: A Useful Category of Historical Analysis', *American Historical Review* 91(5) (1986), 1053–75.

114 Joan Wallach Scott (ed.), *Feminism and History* (Oxford and New York: OUP, 1996), 5.

115 Judith Butler, *Gender Trouble: Gender and the Subversion of Identity* (New York and London: Routledge, 1990), xvi.

116 Heidi Safia Mirza (ed.), *Black British Feminism: A Reader* (London: Routledge, 1997), 5, 9.

117 Susan Stryker, *Transgender History. The Roots of Today's Revolution* (2nd edn, New York: Seal Press, 2017).

118 Leslie Feinberg, *Transgender Warriors* (Boston: Beacon Press, 1996), x, 3–11, 103.

119 Hugh Trevor-Roper, 'The Rise of Christian Europe', *The Listener*, 70/1809, 28 Nov. 1963, 871, 轻微修改后再版于 *The Rise of Christian Europe* (London, Thames & Hudson, 1965), 9。

120 Barry O'Connell (ed.), *On Our Own Ground. The Complete Writings of William Apess, a Peqout* (Amherst, MA: University of Massachusetts Press, 1992), 4–56.

121 Solomon Northup, *Twelve Years a Slave with the Narrative of the Life of Frederick Douglass, an American Slave, Written by Himself* (Ware, Hertfordshire: Wordsworth Editions, 2015), 242–320.

122 Anna Julia Cooper, *A Voice from the South* (New York: Oxford University Press, 1988), 167.

123 Claudia Jones, 'Autobiographical History', in Carole Boyce Davies (ed.), *Claudia Jones, Beyond Containment. Autobiographical Reflections, Essays and Poems* (Banbury: Ayebia Clarke Publishing, 2011), 10–16.

124 Claudia Jones, *Caribbean News* 专访, June 1956, in *Claudia Jones, Beyond Containment*, 16。

125 Claudia Jones, 'The Caribbean Community in Britain', *Freedomways*, summer 1964, in *Claudia Jones, Beyond Containment*, 180.

[126] Charles Perkins, *A Bastard Like Me* (Sydney: Ure Smith, 1975), 14, 31.
[127] Perkins, *A Bastard Like Me*, 193; 又见 Peter Read, *Charles Perkins. A Biography* (Ringwood, Victoria: Viking, 1990)。
[128] August Meier and Elliott Rudwick, *Black History and the Historical Profession, 1915–1980* (Urbana and Chicago, IL: University of Illinois Press, 1986), 9.
[129] Samuel Eliot Morison and Henry Steele Commager, *Growth of the American Republic* (first edition, New York: Oxford University Press, 1930), 413, 418.
[130] Molefi Kete Asante, *The Afrocentric Idea* (revised and expanded edition, Philadelphia: Temple University Press, 1998).
[131] Linda Heywood and John K. Thornton, *Central Africans, Atlantic Creoles and the Founding of the Americas, 1585–1660* (Cambridge: CUP, 2007).
[132] Linda Heywood, *Nzinga of Angola. Africa's Warrior Queen* (Cambridge, MA: Harvard UP, 2017), 3.
[133] Stuart Hall with Bill Schwartz, *Familiar Stranger. A Life between Two Islands* (London: Allen Lane, 2017), 194–5; see above, p. 16.
[134] https://www.ucl.ac.uk/lbs/ (accessed 09/02/2023).
[135] Marcia Langton and Rachel Perkins (eds), *First Australians* (Carlton, Victoria: The Miegunyah Press, 2008), ix–x.
[136] https://www.who.com.au/kevin-rudd-sorry-speech (accessed 12/02/2023).
[137] Nikole Hannah-Jones, Caitlin Roper, Ilena Silverman and Jake Silverstein (eds), *The 1619 Project* (London: W.H. Allen, 2021), xxii.
[138] https://www.politico.com/news/2020/11/02/trump-1776-commission-education-433885 (accessed 09/02/2023).
[139] *The Guardian*, 28 April 2018, 援引在 Robert Gildea, *Empires of the Mind: The Colonial Past and the Politics of the Present* (Cambridge: Cambridge University Press, 2019), 247。

3 我们将去往何方？

[1] Jason Steinhauer, *History Disrupted: How Social Media and the World Wide Web have Changed the Past* (Cham: Palgrave Macmillan, 2022).
[2] 同上, p. 33。
[3] Tony Judt, *A History of Europe since 1945* (London: Vintage

4 例子见 Ilan Pappé, *The Ethnic Cleansing of Palestine* (Oxford: Oneworld, 2006)。
5 Pierre Seel, *Moi, Pierre Seel, déporté homosexual*. Récit écrit en collaboration avec Jean le Bitoux (Paris: Calmann-Lévy, 1994).
6 https://www.gale.com/intl/c/womens-studies-archive-womens-issues-and-identities (accessed 24/02/2023).
7 https://www.gale.com/intl/c/gay-rights-movement-series-10-lesbian-herstory-archives-newsletter-collection-series-10-lesbian-herstory-archives-newsletter-collection (accessed 24/02/2023).
8 https://www.gale.com/binaries/content/assets/gale-us-en/primary-sources/archives-of-sexuality-and-gender/gct17197880-aca_asg-part-1and2-one-sheet_9_25_17.pdf (accessed 24/02/2023).
9 https://www.whitehouse.gov/briefing-room/speeches-remarks/2022/01/06/remarks-by-president-biden-to-mark-one-year-since-the-january-6th-deadly-assault-on-the-u-s-capitol/ (accessed 23/02/23).
10 https://www.prageru.com/video/was-the-civil-war-about-slavery (accessed 23/02/23).
11 Steinhauer, *History Disrupted*, 1–4.
12 同上, pp. 118–119。
13 Hilary Beckles, *Britain's Black Debt: Reparations for Caribbean Slavery and Native Genocide* (Kingston, Jamaica: University of West Indies Press, 2013); https://caricomreparations.org/ (accessed 23/02/23).
14 Amelia Gentleman, 'Windrush. Home Office has failed to transform its culture, report says', *The Guardian*, 31 Mar. 2022.
15 'They Kept 10,000 Slaves. Now This Family is Paying Up and Saying Sorry', *Observer*, 5 Feb. 2013; Alex Renton, 'Why Can't Britain Talk about Slavery?', *The Guardian*, 11 Feb. 2023; Alex Renton, *Blood Legacy: Reckoning with a Family's Story of Slavery* (Edinburgh: Canongate, 2021); 'Family of PM Gladstone apologise for slavery links', *Observer*, 20 Aug. 2023.
16 同上, pp. 51–52。
17 Charles Devellennes, *The Gilets Jaunes and the New Social Contract* (Bristol: Bristol University Press, 2021).
18 例子见 Robert Gildea, *Backbone of the Nation. Mining Communities and the Great Strike of 1984–85* (New Haven and London: Yale UP, 2023); Florence Sutcliffe-Braithwaite and Natalie Thomlinson, *Women and the Miners' Strike, 1984–85* (Oxford: Oxford University Press, 2023); Jörg Arnold, *The British Miner in*

¹⁸ *the Age of De-industrialization. A Political and Cultural History* (Oxford: Oxford University Press, 2023)。

¹⁹ Greta Thunberg, *No One is Too Small to Make a Difference* (London: Penguin, 2019), 6–13.

²⁰ Roderick Nash, *Wilderness and the American Mind* [1967] (5th edition, New Haven and London: Yale UP, 2014), 379.

²¹ Alfred W. Crosby, *The Columbian Exchange: Biological and Cultural Consequences of 1492* (Westport, CT: Greenwood Press, 1972); William Cronin, *Changes in the Land. Indians, Colonists and the Ecology of New England* (New York: Hill and Wang, 1983).

²² David Arnold and Ramachandra Guha (eds), *Nature, Culture, Imperialism. Essays in the Environmental History of South Asia* (Delhi: OUP, 1995).

²³ Steinhauer, *History Disrupted*, 87.

²⁴ 例子见 https://www.timeshighereducation.com/campus/collections/decolonising-curriculum; https://www.lgbtq.sociology.cam.ac.uk/projects/queer-y-ing-the-curriculum (accessed 28/02/2023)。

²⁵ Claire Alexander, Joya Chatterji and Debbie Weekes-Bernard, *Making British Histories. Diversity and the National Curriculum* (London: Runnymede, 2012), 3–14.

²⁶ Alexander, Chatterji and Weekes-Bernard, *History Lessons: Teaching Diversity in and through the History National Curriculum* (London: Runnymede, 2014), 12.

²⁷ George Ewart Evans, *Ask the Fellows Who Cut the Hay* (London: Faber & Faber, 1956).

²⁸ https://www.history.ox.ac.uk/people/dr-priya-atwal (accessed 30/02/2023).

²⁹ Alex Haley, *Roots* (Garden City, New York: Doubleday, 1976).

³⁰ Stuart Hall with Bill Schwartz, *Familiar Stranger. A Life between Two Islands* (London: Allen Lane, 2017), 3, 178, 271.

³¹ Philippe Sands, *East-West Street: On the Origins of Genocide and Crimes against Humanity* (London: Weidenfeld & Nicolson, 2016).

³² Katja Petrowskaja, *Maybe Esther. A Family Story* (London: 4th Estate, 2018).

³³ Vera Brittan, *Testament of Youth* (London: Victor Gollancz, 1933).

³⁴ Carolyn Steedman, *Landscape for a Good Woman: A Story of Two Lives* (London: Virago, 1986).

³⁵ Hilda Kean, *London Stories: Personal Lives, Public Histories* (London: Rivers Oram Press, 2005).

36 Roy Rozenzweig and David Thelen, 'The Presence of the Past. Popular Uses of History in American Life' in Hilda Kean and Paul Martin (eds), *The Public History Reader* (London and New York: Routledge, 2013), 44–51.

拓展阅读

通识类：

John H. Arnold, *History: A Very Short Introduction* (Oxford University Press, 2000).

David Cannadine (ed.), *What is History Now?* (Palgrave Macmillan, 2002; 2009).

E.H. Carr, *What is History?* (Penguin, 1964; 1987; 2018).

Helen Carr and Suzannah Lipscomb, *What is History, Now? How the Past and Present Speak to Each Other* (Weidenfeld & Nicolson, 2021).

Margaret Macmillan, *The Uses and Abuses of History* (Profile Books, 2009).

历史与神话：

Lord Acton, 'Inaugural Lecture on the Study of History' in *Lectures on Modern History* (Macmillan, 1906; Collins, 1960: Bantoche, 2000), or in *Essays on Freedom and Power* (Thames and Hudson, 1956).

Nigel Biggar, *Colonialism: A Moral Reckoning* (William Collins, 2023).

Angus Calder, *The Myth of the Blitz* (Jonathan Cape, 1991).

Caroline Elkins, *Legacy of Violence: A History of the British Empire* (Bodley Head, 2022).

Moses Finley, 'Myth, Memory and History' in Finley, *The Use and Abuse of History* (Pimlico, 1975; 1990; 2000), pp. 11–33.

Eric Hobsbawm and Terence Ranger (eds), *The Invention of Tradition* (Cambridge University Press, 1983).

Saburō Ienaga, *Japan's Last War: World War II and the Japanese* (Blackwell, 1979).

Henrietta Marshall, *Our Island Story: A History of Britain for Boys and Girls* [1905] (new edition, Phoenix, 2010; 2014).

Peter Novick, *That Noble Dream: The 'Objectivity Question' and the American Historical Profession* (Cambridge University Press, 1988).

Raphael Samuel and Paul Thompson (eds), *The Myths We Live By* (Routledge, 1990).

历史与权力：

Edmund Burke, *Reflections on the Revolution in France* [1790] (Pelican Books, 1968; 1986; 2004).

François Furet, *Interpreting the French Revolution* (Cambridge University Press, 1981).

Christopher Hill, 'The Norman Yoke', in Hill, *Puritanism and Revolution: Studies in the Interpretation of the English Revolution in the 17th Century* (Secker and Warburg, 1958), pp. 50–122.

Abraham Lincoln, *The Gettysburg Address* [1863] (Penguin, 2009).

Roderick MacFarquhar and Michael Schoenhals, *Mao's Last Revolution* (Belknap Press of Harvard University Press, 2006).

Karl Marx and Friedrich Engels, *The Communist Manifesto* [1848], ed. Gareth Stedman Jones (Penguin, 2002).

Thomas Paine, *The Rights of Man* [1791–2] (Penguin Books, 1969; 1985).

M.N.S. Sellers, *American Republicanism, Roman Ideology and the United States Constitution* (Macmillan, 1994).

Leon Trotsky, *The Revolution Betrayed: What is the Soviet Union and Where is it Going?* [1936] (Dover Publications, 2004).

历史与身份：

Raewyn Connell, *Masculinities* (Polity, 1995, 2005).

Heather Cox Richardson, *How the South Won the Civil War: Oligarchy, Democracy, and the Continuing Fight for the Soul of America* (Oxford University Press, 2020).

William Cronin, *Changes in the Land: Indians, Colonists and the Ecology of New England* (Hill and Wang, 1983).

W.E.B. Du Bois, 'The Souls of the White Folk' [1910], in Du Bois, *Darkwater: Voices from within the Veil* (Verso, 2016), pp. 17–29

Eric Foner, *Who Owns History? Rethinking the Past in a Changing World* (Hill and Wang, 2002).

Priyamvada Gopal, *Insurgent Empire: Anticolonial Resistance and British Dissent* (Verso, 2019).

Stuart Hall with Bill Schwartz, *Familiar Stranger: A Life between Two Islands* (Allen Lane, 2017).

Nikole Hannah-Jones, Caitlin Roper, Ilena Silverman and Jake Silverstein (eds), *The 1619 Project* (W.H. Allen, 2021).

Ibram X. Kendi, *Stamped from the Beginning: The*

Definitive History of Racist Ideas in America (Nation Books, 2016).

Juliet Mitchell, *Women: The Longest Revolution – Essays on Feminism, Literature and Psychoanalysis* (Virago, 1984).

Gary B. Nash, Charlotte Crabtree and Ross E. Dunn, *History on Trial. The Culture Wars and the Teaching of the Past* (Vintage Books, 2000).

David Olusoga, *Black and British: A Forgotten History* (Macmillan, 2016).

Henry Reynolds, *An Indelible Stain? The Question of Genocide in Australia's History* (Viking, 2001).

Edward Said, *Orientalism: Western Conceptions of the Orient* (Penguin, 1995).

Susan Stryker, *Transgender History. The Roots of Today's Revolution* (2nd edn., Seal Press, 2017).

E.P. Thompson, *The Making of the English Working Class* (Penguin, 1968; 2013).

Joan Wallach Scott, 'Gender: a Useful Category of Historical Analysis', *American Historical Review* 91(5) (1986).

Lynn Abrams, *Oral History Theory* (Routledge, 2010; 2016).

Anthony Adolph, *Tracing Your Family History* (Collins, 2004; 2007).

Claire Alexander, Joya Chatterji and Debbie Weekes-Bernard, *Making British Histories: Diversity and the National Curriculum* (Runnymede, 2012).

Hilda Kean, *London Stories: Personal Lives, Public Histories* (Rivers Oram Press, 2005).

Sheila Rowbotham, *Promise of a Dream: Remembering the Sixties* (Penguin, 2000).

Jason Steinhauer, *History Disrupted: How Social Media and the World Wide Web have Changed the Past* (Palgrave Macmillan, 2022).

图片与专题索引

图片

图1.1　位于莫斯科的圣弗拉基米尔雕像（Creative Commons Attribution 4.0 International）

图2.1　《解放战争归来的民兵》(*Homecoming of the Militiaman from the War of Liberation*)，约翰·彼得·克拉夫特（Johann Peter Krafft）1817年油画作品（维也纳美景宫博物馆，依据Attribution-Share Alike 4.0 International License，CC BY-SA 4.0复制）

图2.2　《从开普敦到开罗》(*From the Cape to Cairo*)，乌多·开普勒（Udo Keppler）创作的漫画，1902年刊登于《帕克》(*Puck*)杂志（美国国会图书馆，公有领域）

图2.3　《尤利乌斯·恺撒遇刺图》(*Assassination of Julius Caesar*)，温琴佐·卡穆奇尼（Vincenzo Camuccini）绘于1793~1796年（纽约大都会艺术博物馆，公有领域）

图2.4　《独立宣言》(*The Declaration of Independence*)首次印刷版，约翰·邓拉普（John Dunlap）1776年制作（世界数字图书馆）

图2.5　《棉花种植园的景象》(*Scenes on a Cotton Plantation*)木刻版画（局部），A. R. 沃德（A. R. Waud）作，载于1867年《哈珀周刊》(*Harper's Weekly*)（美国国会图书馆，公有领域）

图2.6　1871年巴黎拉雪兹神父公墓的战斗，这张图来自《1870~1871年巴黎两次围困插画纪念集》(*Mémorial Illustré des Deux Sièges de Paris, 1870–1871*)（巴黎档案馆遗产馆，1Gb 164, 开放许可）

图 2.7　1914年伦敦街头，一名女性参政论者被捕（法国国家图书馆的Gallica数字图书馆，Agence Rol摄影作品39,114，公有领域）

图 3.1　2020年6月4日，华盛顿特区H街上的"黑命贵"集会，特蕾茜·米赫莱伯（Tracy Meehleib）摄（美国国会图书馆印刷品与照片部，© Tracy Meehleib，[LC-DIG-ppbd-01157]，经拍摄者允许复制）

专题
1.1　俄罗斯的国家身份
1.2　《我们的岛国故事》
1.3　雕像是历史吗？
2.1　历史小说
2.2　辉格派史学
2.3　快乐英格兰
2.4　修正主义
2.5　历史框架或透镜
2.6　旧南方
2.7　马克思主义史学
2.8　巴黎公社
2.9　时间为什么重要？